善知識23

向智尊者
領導編寫

・巴利佛典・

佛陀的聖弟子傳III

阿那律・迦旃延・央掘摩羅・質多比丘

Great Disciples of the Buddha

【本書作者、英文版編者介紹】

◎作者
向智長老 (Nyanaponika Thera, 1901-1994)

向智長老是我們這個時代最重要的上座部佛教詮釋者。出生於德國，他於一九三六年，在三界智大長老(Ven. Nyanatiloka Mahāthera)座下受戒，直到一九九四年末去世為止，共計度過五十八年的比丘生活。他是康堤(Kandy)佛教出版協會的創辦人與長期編輯。他的著作包括《佛教禪修心要》(*The Heart of Buddhist Meditation*)、《法見》(*The Vision of Dhamma*)與《阿毗達磨研究》(*Abhidhamma Studies*)。

何慕斯‧海克 (Hellmuth Hecker)

何慕斯‧海克是德國重要的佛教作家與巴利藏經譯者。他的著作包含《相應部》(*Samyutta Nikāya*第四與第五部分)的德文翻譯，以德文寫作的兩冊佛教史，以及一本德國首位佛教比丘──三界智大長老的傳記。

◎英文版編者
菩提比丘 (Bhikkhu Bodhi)

菩提比丘是來自紐約市的美國佛教僧侶，於一九七二年在斯里蘭卡出家。他目前是佛教出版協會(Buddhist Publication Society)的會長與編輯。他的著作包括《包含一切見網經》(*The Discourse on the All Embracing Net of Views*)、《阿毗達磨概要精解》(*A Comprehensive Manual of Abhidhamma*)與《中部》(*The Middle Length Discourses of the Buddha*，為共同譯者)。

目次

天眼第一：阿那律——57

論議第一：摩訶迦旃延——111

【巴利佛典略語表】

本書所出現的巴利佛典經文，都將採用巴利佛典的略語來標示其出處，因此，以下列出這些慣常使用的巴利佛典略語，供讀者對照參考。

AN＝Aṅguttara Nikāya《增支部》（標示節號與經號）

Ap.＝Apadāna《譬喻經》（i ＝ 長老譬喻，ii ＝ 長老尼譬喻；標示章號與段落；緬甸文版）

BL.＝Buddhist Legends《佛教傳奇》（法句經注釋）

BPS＝Buddhist Publication Society佛教出版協會（康堤，斯里蘭卡）

Comy.＝Commentary註釋

Dhp.＝Dhammapada《法句經》（標示偈頌號）

DN＝Dīgha Nikāya《長部》（標示經號）

Jāt.＝ Jātaka《本生經》（標示號碼）

Mil.＝Milindapañha《彌蘭陀王問經》

MN＝Majjhima Nikāya《中部》（標示經號）

PTS＝Pali Text Society巴利佛典協會（牛津，英國）

Pv.＝Petavatthu《餓鬼事經》

SN＝Saṃutta Nikāya《雜部》（標示章號與經號）

Snp.＝Suttanipāta《經集》（標示偈頌號或經號）

Thag.＝Theragāthā《長老偈》（標示偈頌號）

Thig.＝Therīgāthā《長老尼偈》（標示偈頌號）

Ud.＝Udāna《自說經》（標示章號與經號）

Vin.＝Vinaya《律部》（標示卷號與頁數）

Vism.＝Visuddhimagga《清淨道論》
　　　　　（The Path of Purification的章號與段落）

Vv.＝Vimānavatthu《天宮事經》（標示偈頌號）

除非特別指出，否則本書所有參考資料皆依巴利佛典協會的版本為準。

尋找傳說的源頭

奚淞

閱讀早期佛典，不時吉光片羽閃現，令人有瞥見古代佛陀僧團的驚喜。見佛陀善巧的教導，使弟子順應個人不同因緣和個性契入法教，對後世學佛者如我，是最具啟發性的。

羅睺羅求法

在此舉《雜阿含經》二○二經紀事為例：

地點在舍衛國祇樹給孤獨園。

那天，比丘羅睺羅往詣佛陀。

羅睺羅向佛行禮，退坐一旁道：「世尊！請為我講說高深的法。如是我將擇一靜處，專精修行，證得阿羅漢果。」

在經文中，羅睺羅急欲成就的阿羅漢境界，是以「自知自證：我生已盡、梵行已立、所作已作，自知不受後有」的慧解脫標準語句道出的。

面對他年輕、充滿期盼的容顏，同時也是在教導自己披著僧服的獨子，佛陀笑了，心想：這孩子對解脫的知見還沒有成

熟啊！

「我曾多次宣說過『五蘊』原理，」佛陀說：「現有一批新進比丘，你且準備一下，去向他們詳細解說『五蘊』。至於你想聽更深奧的法，以後再告訴你。」

羅睺羅惘惘然領命去了。隔數日，為人演說完「五蘊」的羅睺羅，又來拜謁佛陀，要求「更深奧的法」。

佛陀依然是那樣慈和地微笑著的吧！他說：「別急、別急，你且先去向他們演說『六入處』，說完再來。」

在佛法分析中，「五蘊」——色、受、想、行、識，總括了身心世界，是存在的基本元素。而「六入處」則屬於另一組不同的分析法，包含「六內入處」（六根——眼、耳、鼻、舌、身、意）與「六外入處」（六塵——色、聲、香、味、觸、法），是認識上的基本元素。羅睺羅依佛陀指派，又去向大眾解說「六入處」了。

還是急著想成就阿羅漢，第三回，羅睺羅又來求法。這次，佛陀派他去講說「因緣法」，詳細分析五蘊與六處如何相因、相緣，而衍生出無止盡身心事件相續之流的原理。

說完「因緣法」的羅睺羅，顯得沉靜，若有所思。他前來拜謁佛陀，只聽得佛陀淡淡指示：「你不是一直想安靜獨自修行嗎？去吧，去把你先前講說的法義好好想一想吧！」

在祇樹給孤獨園林蔭深處的精舍裡，羅睺羅沉浸於思惟禪修

多日。此後的他，不再急證阿羅漢果，再次見到佛陀，也不要求「更深奧的法」了。

帶著無比的恭敬和喜悅，他向世尊說：「我想了又想，奇妙啊，原來世尊所經常宣說的五蘊、六入處及因緣法，正巧妙地解析了法的核心。有了這種理解，再隨觀當下身心變化的實況，時時刻刻都足以順趣流向涅槃啊！」

羅睺羅的心智終於成熟了。佛陀欣慰地端詳兩眼閃光的羅睺羅。這孩子，自十五歲由舍利弗剃度，成為僧團中最稚幼的沙彌。經多年提攜教導，從活潑少年成長為持戒精嚴的比丘。一位比丘若能謹言慎行、善守根門，再加上對「法」正確無誤的知見，就足以步上修行的坦途了。

在《雜阿含經》二〇二經的末尾，佛陀教導羅睺羅的話語重心長：「羅睺羅，努力修行吧！要知道，一切都是無常的……」

是啊！生命確實一直是在無常而不圓滿（苦）的狀態下運作的。試觀五蘊，其中又何嘗有位置得以安頓一個恆常不變的「我」呢？如果修行人能不急躁、不怠惰，時時刻刻隨順六根與六塵的觸、受變化，當下現觀無常、苦、無我，把無明與貪愛一分分看透、放下，也就一步步證得寂靜、清涼，可以直抵涅槃了。

羅睺羅日後證得阿羅漢果，在佛陀身旁眾聖弟子間，得「密行第一」的美稱。在早期佛典中，相關他的記載零星微少，

卻也令我們窺見修行佛法的核心。

距離佛典原始集結，兩千五百年過去了。

難能可貴的，畢竟在佛滅後的早期經典如《阿含經》、《法句經》、《長老偈》、《長老尼偈》、《經集》等佛典中，留下不少能確實呈現原始佛教法義、佛陀與聖弟子言行，乃至於當時社會環境及思想潮流的紀錄。這些樸實而耐人尋味的片斷，其珍貴性可以用中國儒學經典《論語》相比擬。在不重史實的印度文化中，佛陀及其聖弟子率先走出神話的迷霧，其人間性非常鮮明。

不要信以為真

然而，反觀佛教發源的母土，這片啟始於自然神崇拜，孕育出堆金砌玉《摩訶婆羅多》、《羅摩衍那》長篇神話史詩的文化地區人民，一向習慣於以神話覆蓋歷史、藉寓言象徵事實。佛陀的教化及偕同聖弟子的遊化行跡，自一開始，便無可避免地在人民口耳相傳中產生差誤，或被包裹入一重重的華麗傳奇色彩中。

傳奇故事，自有其芬芳以及價值。但對後世的學佛人而言，如何理解傳奇深層的本質，而不誤執其表象，就成為重大課題了。

對於立願修行學佛而不免陷入種種紛紜傳說的人，佛陀曾提出極精警的指導。這些話語，在南傳《羯臘摩經》中，以反覆疊句呈現：

一、不可因他人的口傳，就信以為真。

二、不可因奉行傳統，就信以為真。

三、不可因是正在流傳的消息，就信以為真。

四、不可因是宗教經典、書本，就信以為真。

五、不可因根據邏輯，就信以為真。

六、不可因根據哲理，就信以為真。

七、不可因符合常識、外在推測，就信以為真。

八、不可因符合一己預設、見解、觀念，就信以為真。

九、不可因演說者的威信，就信以為真。

十、不可因他是導師，就信以為真。

《羯臘摩經》語出驚人。乍見此經，彷彿否定了一切；再加探究，乃知它並非教人不聽、不看、不想，甚至不接受老師，而是教人面對一切概念都要有親身實證的精神。

經中說「不信以為真」，並不代表此事為假；但佛法修行的重心不在信，而在於親身當下的現觀和執行。有了如實現觀，「法」的真偽也就可以明辨了。即如前述《雜阿含經》

羅睺羅求法的故事中，佛陀並不以威信、導師的身分，或藉哲理推演來懾服羅睺羅，而是助成他依法現觀的心靈悟覺。這就是立定佛法修行的腳跟了。

與古聖人同行

高興得悉橡樹林文化將推出巴利佛典【佛陀的聖弟子傳】系列。此書根據巴利語佛典文獻，由德裔比丘、斯里蘭卡國寶級的佛教大師向智長老領導編寫，從中可以看到相關佛陀及聖弟子行跡的早期傳述風貌。在追溯佛教源頭和原點的意義上，此書提供了很大的助力。

記得德國哲學家雅斯培曾經在他的《四大聖哲》著作中說：相對於宇宙廣袤的時空，人類的兩三千年的時間算得了什麼，不過是一眨眼，就像是昨天而已。只要我們願意，就可以回到古聖人的身邊，與他們一同散步，並聆聽他們所說的言語……

但願這套巴利佛典【佛陀的聖弟子傳】系列，能提供我們如此珍貴的經驗。

活出佛法的聖弟子

楊郁文

佛陀是眾生的老師

釋迦牟尼佛陀是歷史上存在的人物，公開宣言：「我今亦是人數，父名真淨，母名摩耶。」慇是無師自覺者，又是具備覺他以及覺行圓滿者；具足無量功德而以十號——如來、應供、等正覺、明行足、善逝、世間解、無上士調御丈夫、天人師、佛、世尊——介紹自己，使人認識慇。

其中，「如來」、「無上調御丈夫」、「天人師」等三名號，表達佛陀冀望與眾生之間是以師生、師徒的關係互動。「如來」——「如」過去諸佛在人間成佛，「來」教導人、天三十七菩提分成佛的方法；「無上調御丈夫」——應該被調御的所有有情，佛陀是「最高明的調教者」；「等正覺者」是指「人天師範」。

根據南傳上座部的說法，佛陀歷經四大阿僧祇又十萬劫修習十波羅蜜多，最後一生在沒有佛法流傳的環境，無師自覺完成佛道。佛陀的大弟子們也都有一大阿僧祇又十萬劫的久遠

時間，親近諸佛修習十波羅蜜多，特別與釋尊前世以種種身分交遊往來，並曾發願受教成為佛陀座前某一特殊才能的「第一」弟子，甚至發願成為佛陀的一雙上首弟子，如尊者舍利弗與尊者目犍連。

佛陀覺悟阿耨多羅三藐三菩提(anuttara sammāsambodhi)，成為阿耨多羅三藐三佛陀（無上正等正覺者），「三菩提」(sambodhi)是自受用，用以究竟解脫有情自己的惑、業、苦；「阿耨多羅三藐三菩提」是利他，用以教化他人成就「三菩提」，即人人以己力究竟解脫有情自己的惑、業、苦。佛陀的聖弟子們，接受佛陀的教導，因此才得以完成「三菩提」，自作證究竟涅槃。

如實知佛陀的「十號」的法說（總說）與義說（分別解釋），必定產生正見、正志、正行，見聖思齊，發願成佛。經歷親近善士、聽聞正法、內正思惟、法次法向四預流支，獲得聞、思、修、證，乃至具足信、解、行、證的法門。首先，由於念佛、念法、念僧而了解佛、法、僧三寶的功德，法眼淨而見法、見道，並成就「四不壞淨」──於佛、法、僧、戒信根不壞。之後，開發信、進、念、定、慧五出世根，仍然需要佛陀及聖弟子們的指導，依法奉行，修習、多修習，乃至圓滿佛道。

經典中的聖弟子

正法由佛說出，藉聖弟子們向四方傳播、向後代傳承；弟子們應用佛陀的教授、教誡，實際在日常生活的改過遷善、宗教生活離染趣淨，如此活用佛法，佛法才有生命，正法就能長存人間。

聖弟子活出佛法，自己體驗佛法的實用性與有效性；以身、口、意作三示導，傳播佛法於他人，以自己的成就回報佛陀的教導，印證佛陀是有情界最偉大的教師，值得眾生親近的究竟善士。聖弟子們具足佛德，尚須三大阿僧祇劫的時空歷練，可是現前既成的品德已足以引人羨慕，作為他人效法的模範。因此，佛陀適時介紹種種「第一」聖弟子於大眾。結集經典的大德紀錄如下：

《增支部》：

〈是第一品〉比丘（42位 46種特質第一比丘）

比丘尼（13位 13種特質第一比丘尼）

優婆塞（11位 10種特質第一清信士）

優婆夷（10位 10種特質第一清信女）

（見 AN i.p.23-26）

《增一阿含》：

〈弟子品〉第四，第一至第十經（91位 100種特質第一比丘）

〈比丘尼品〉第五，第一至第五經（52位52種特質第一比丘尼）

〈清信士品〉第六，第一至第四經（40位41種特質第一清信士）

〈清信女品〉第七，第一至第三經（30位31種特質第一清信女）

（見《大正藏》卷二，頁557, a18~560, c1）

《佛說阿羅漢具德經》：

比丘（99位某特質第一比丘）

（見《大正藏》卷二，頁831a-833a）

關於本書的編輯

本書系列三位作者（向智長老、海克博士、菩提比丘）從《增支部‧是第一品》選擇十七位「第一」弟子：舍利弗尊者（以下尊稱省略）、大目犍連、大迦葉、阿難、阿那律、大迦旃延、毘舍佉、讖摩、跋陀軍陀羅拘夷薩、翅舍瞿曇彌、難陀、沙摩婆提、波吒左囉、諾酤羅長者父、諾酤羅長者母、給孤獨、質多長者。

最後還有八位雖然不隸屬於「是第一」弟子，其傳奇經歷，對後代四眾弟子也極富教育性。那就是摩利迦（從《中部》、《相應部》、《增支部》、《律藏》中選出）、師利摩與鬱多羅（從《法句經註》中選出）、央掘摩羅（從《長老偈》、《律藏》中選出）、質多比丘（從《增支部》、《長

部》中選出），還有主要從《長老尼偈》中選出的菴婆波利、伊師達悉、輸那。三位合作者的背景資料，參見「作者簡介」、「各冊文章的原作出處」。

二十五位偉大的四眾弟子生動的描述，採用海克博士十八本傳略，幾乎所有海克博士的文章都被向智長老大規模地擴充，新增的內容皆援引自巴利藏經與其註疏，並以他的洞見思惟來深化它們。

在從原來的小冊要結集成這本合輯的準備過程中，菩提比丘對所有的舊版幾乎都做了一些實質的修改，並再增加更多材料，以便能更進一步看到這些弟子們的全貌。菩提比丘幾乎重新翻譯所有的偈頌，為了行文更為可信，並增加更多的偈頌。除非特別標示，否則所有偈頌都是由菩提比丘所翻譯。

讀者應該仔細閱讀菩提比丘的「前言」：了解佛教三寶，認識佛、法、僧三寶的內在關聯性。「導論」中，有關佛教師徒關係的確立，以及一般凡夫弟子與聖弟子的差異，並不在外表形式與生活型態，更需要精讀。透過本書，各位主角人物在生活中如何與「法」相應，而顯露出內在心靈超凡的一面，正是讀者需要細心體會之處。

本書不刻意文藻修飾，但求忠實地根據經藏、律藏、《本生經》、《譬喻經》、《長老偈》、《長老尼偈》與註釋書中記載的內容，將每位聖弟子生活的過程，按資料推測時間點，

而連結成連續的劇情，增加可讀性（如本系列第一冊〈佛法大將：舍利弗〉第一章的註(1)→註(2)→註(3)……）本書除原來的內容引人入勝之外，採用資料出處明瞭、註解內容詳實，中譯者的夾註、補註、按語，亦甚為可貴。

本書中譯本的出版，不但在佛教界，給予信眾注入隨念佛、法、僧三寶的養分，乃至為學術界，增添了許多研究佛陀、佛法、賢聖僧伽難得的第一手、第二手資料。為了貢獻本文，筆者使用旬餘時間精讀一回，按照所提供的南傳佛教資料，對讀北傳佛教資料，間亦參閱巴利語原典，受益良多。即以隨喜功德的心情，推薦人人必須研讀的這套巴利佛典【佛陀的聖弟子傳】系列四冊絕妙好書！

中華佛學研究所 專任研究員

楊郁文

寫於阿含學園 2004/11/8

《佛陀的聖弟子傳》中文版出版緣起

二千五百多年了，佛教在世界各地開枝散葉，與各地域風俗融合，產生了多元的面貌。但佛陀當時的教導是什麼？弟子們如何在佛陀的教導下解脫煩惱，開悟聖道，永遠是每位有心踏上學佛之路的人想一探究竟的。巴利佛典【佛陀的聖弟子傳】系列所說的即是二十五位真實存在於歷史上的佛陀弟子，經由佛陀的教導而悟道的故事。

本書系列譯自二十世紀重量級的佛教思想家——德藉斯里蘭卡高僧向智長老(Nyanaponika Thera)與德國重要的佛教作家——何慕斯‧海克(Hellmuth Hecker)合著，菩提比丘(Bhikkhu Bodhi)編輯的《佛陀的偉大弟子——他們的生活、作品與遺產》(Great Disciples of the Buddha: Their Lives, Their Works, Their Legacy)一書。不同於一般佛教傳記根據漢譯經典或傳說故事撰寫，本書內容均援引自南傳上座部佛教的巴利佛典、論書與註釋書，詳實而生動地記錄了聖弟子們的修行生活片段與悟道的特色、開悟的關鍵，以及佛陀智慧的教導。而引自《本生經》的故事，則提供了另一種訊息——聖弟子在過去生的發願與修行，以及對此生的影響。其中最特別的是，

本書引用了許多《長老偈》與《長老尼偈》中的詩偈，這些詩偈都是聖弟子親口所說的自身經歷以及感受，使人彷彿親聽聖者的心靈之音。

本書的內容豐富龐大，共介紹了二十五位弟子，除了波斯匿王的皇后摩利迦並未證果之外，其他二十四位都是證得初果以上的聖弟子。為了凸顯故事的主體人物，同時也減輕讀者的閱讀壓力，我們將本書的內容編譯成四冊發行：

第一冊《佛法大將舍利弗‧神通大師目犍連》：記錄佛陀的雙賢弟子舍利弗、目犍連。

第二冊《僧伽之父大迦葉‧佛法司庫阿難》：敘述的是大迦葉、阿難這兩位佛陀教法的傳承者。

第三冊《阿那律‧迦旃延‧央掘摩羅‧質多比丘》：記錄「天眼第一」的阿那律與「論議第一」的迦旃延。此外，還收錄了央掘摩羅、質多兩位比丘的傳記。

第四冊《佛陀的女弟子與在家弟子》：第一部分是佛陀女弟子們的故事，包括：毘舍佉、摩利迦、讖摩、跋陀軍陀羅拘夷薩、翅舍瞿曇彌、輸那、難陀、沙摩婆提、波吒左囉、菴婆波利、師利摩、鬱多羅、伊師達悉等，共有十三位女弟子。第二部分是佛陀在家弟子的故事，包括：給孤獨長者、質多長者、諾酤羅長者父、諾酤羅長者母等，共有四位在家弟子。關於這部分的資料流傳很少，尤其是佛陀女弟子的事

蹟，更是鮮為人知，因此顯得相當珍貴。

透過巴利佛典的紀錄，本書呈現了較為接近歷史與人性的原貌，讓我們一窺從凡夫蛻變為聖者，內心是經歷怎樣的轉化；悟道後的他們，又如何面對生、老、病、死等現實的人生歷程。閱讀這些早期佛教成就者鮮活的傳記，有助於提升我們心靈的洞見，擴大修行的視野，也為現代的修行者點燃一盞明燈，照亮修行的前路。

典範不遠，你也可以成為這樣的聖者。

《佛陀的聖弟子傳》英文版的結集

菩提比丘

近年來，西方書海中出現的幾乎都是佛陀以及其教法的相關書籍，那也就是佛教三寶中的前二寶，關於第三寶——僧伽(Sangha)的書籍則相當不足。即使對於「僧伽」一詞的意義也有爭議，那些並未從巴利原典入手的人，對於佛陀原始核心弟子的認識仍然懵懵懂懂。這個落差之所以愈發明顯，是因為佛陀做為心靈導師的成功程度，完全取決於他訓練弟子的技巧。

經典中為禮敬佛陀而稱他為「無上士調御丈夫」[①]，要檢驗這句話的真實度，就必須去看他所指導的男女弟子的氣度。就如太陽的價值，不只在它本身的光明，同時也在它照亮世間的能力一樣。因此，佛陀做為心靈導師的光輝，不只是取決於他教法的清晰度，更是在他能啟發前來求皈依者與因材施教。缺少弟子團體見證它轉化的力量，「法」(Dhamma)將只是學說與嚴謹修持的包裹，徒有令人欽佩的清晰與精確的理智，但都與活生生的人無關。「法」只有在接觸生命，提升它的追隨者，將他們轉化為智慧、慈悲與清淨的典範時，

「法」才會有生命。

佛陀的聖弟子傳英文版即是嘗試以對佛陀最卓越的二十四位②弟子生動的描繪，來填補西方佛教文獻這方面的不足。本書是從一系列偉大弟子的單獨小冊演變而來，由佛教出版協會(Buddhist Publication Society，簡稱BPS)，以它著名的《法輪叢刊》(*The Wheel*)標誌發行。第一本出現的傳記是令人尊敬的向智(Nyanaponika)長老所寫的《舍利弗傳》(*The Life of Sāriputta*)，於一九六六年以獨立刊物首次出版，那時並未想到要發展成一個系列。

然而，在同一年，德國佛教作家何慕斯·海克(Hellmuth Hecker)開始在德國的佛教期刊《知識與改變》〔*Wissen und Wandel*，由保羅·戴比斯（Paul Debes）於一九五五年創辦〕上，出版偉大弟子的略傳。在接下來的二十年裡，《知識與改變》共刊行了四十一篇略傳，其中，許多篇的篇幅都非常簡短。

在七○年代晚期，向智長老有了構想，然後佛教出版協會的編輯，便延續他有關舍利弗的研究，以海克博士的文章為基礎，在《法輪叢刊》系列上展開其他的偉大弟子傳。因此，在一九七九至一九八九年間，以單獨《法輪叢刊》小冊的方式，出現了目犍連、阿難、央掘摩羅、給孤獨、大迦葉與阿那律，以及八位重要女弟子的略傳。它們都由向智長老或由

他請託的其他人翻譯成英文。最後，在一九九五年，我寫了一本大迦旃延長老的小冊，那是這個系列最晚出現的。（編按：各篇原作出處請見第206-207頁【附錄】。）

幾乎所有海克博士原來的文章，都被向智長老大規模地擴充，新增的內容皆援引自巴利藏經與其註疏，並以他的洞見思惟來深化它們。在從原來的小冊要結集成這本合輯的準備過程中，我對所有的舊版幾乎都做了一些實質修改，並再增加更多材料，以便能更進一步地看到這個弟子的全貌。

在女弟子這一章，又新增了原來《法輪叢刊》系列所無的四個人物，然而相對於先前對男弟子的研究，在處理個別的女弟子時，因為原始資料的缺乏，而無法有相同的篇幅。此外，在風格上，也有必要對原來的略傳做徹底的改寫。

我幾乎重新翻譯了所有的偈頌，因為在《法輪叢刊》小冊中經常都引用較早的翻譯，現代讀者恐怕難以接受那種高不可攀的風格。為了讓行文更為可信，我加入更多的偈頌，大都引自《長老偈》(*Theragāthā*)與《長老尼偈》(*Therīgāthā*)。除非特別標示，否則所有偈頌都是由我所譯，但這兩本合集的很多名相翻譯，我都是參考諾曼(K.R. Norman)的長行直譯，請見由他所出版的《長老偈》(*Elders' Verses*)第一部以及第二部。

我要感謝在佛教出版協會裡，我的長期助理——祥智尼師

(Ayyā Nyanasirī)，她先整理《法輪叢刊》小冊，以便日後重新以單書發行。我也要感謝舍衛尸利‧月寶女士(Mrs. Savithri Chandraratne)，她勤快而精確地將原稿輸入電腦。我很感謝智慧出版社(Wisdom Publications)合作出版此書，尤其是莎拉‧邁肯琳特克(Sara McClintock)，她的編輯意見提供了很大的幫助。

譯註

① 無上士調御丈夫：佛陀的十種德號之一。「調御」意指調伏，「無上士調御丈夫」便是指佛陀是能調伏丈夫（男子）的無上調御士，使那些受調御者能發心修行。

② 原書總計提到二十五位弟子，菩提比丘在本文中說原書介紹十二位傑出女弟子，其實是十三位，所以共有二十五位弟子。

從經典中憶念佛陀的聖弟子

菩提比丘

身為一個宗教的創立者，佛陀並未自稱天啟先知、救世主或神的化身。在他的教法架構裡，他的特殊角色是老師，揭示究竟解脫唯一道路的「無上師」。依照巴利藏經所呈現，在佛法最早的形式中，佛陀弟子所覺悟的與佛陀本人達到的目標，在基本上並無不同，兩者的目標都相同──心究竟解脫一切束縛與生死輪迴的涅槃。

佛陀與弟子之間的差別

佛陀與弟子之間的差別是：（一）成就的先後；（二）達到覺悟的過程中所具有的個人特質。

成就的先後

就先後順序而言，佛陀是涅槃之道的發現者，他的弟子則是在其指導下證果的實踐者：

比丘們！如來是從前未曾被發現道路的發現者，是從前未曾建造道路的建造者，是從前未曾被揭露道路的揭露者；他是認識這條道路者，是找到這條道路者，是精通這條道路者。如今，他的弟子們在他之後安住此道，成為擁有它者。比丘們！這就是如來、阿羅漢、正等正覺者，與由智慧而解脫的比丘之間的差別。(SN 22:58)

個人的特質

就個人特質而言，佛陀身為教說的創設者，擁有許多與弟子不共的適宜的技巧與各類知識。這些認知的能力不只包括某些神變力，同時也包含對許多存在地之世界結構無礙的了解，以及對眾生各種習性透徹的了解。❶ 在佛陀完成他的重要使命，即在世間建立廣大教說，並指導無數眾生離苦得樂時，這種能力是有其必要的。

當佛陀在「轉法輪」①時，他的目標就是領導眾生到達涅槃，他的教法結構本身，便預設了介於他自己與聆聽開示者之間的師生關係。佛陀是完全覺悟的老師，他的教說是進行特殊訓練的課程，那些符合弟子身分要求的人，藉由遵循他的教論與勸誡而完成訓練。即使當佛陀臨終躺在拘尸那羅雙娑羅樹間的病床上時，他也說外在的禮拜並非真正的禮敬如來，只有持續與專注地修行佛法才是。(DN 16)

皈依三寶，成為佛陀的聲聞弟子

佛陀弟子的課程從「信」開始，對佛教來說，「信」並非毫不懷疑地同意無法驗證的主張，而是準備好去接受，相信佛陀的聲明：他是完全覺悟者，已覺悟眾生存在本質中最深奧、最重要的實相，並能指出到達最後目標的道路。在佛陀的覺悟中，「信」的定位是藉由「皈依」佛教的「三寶」而彰顯：將「佛」視為個人的良師與心靈的指導；將「法」視為存在實相最完美的表述與無瑕的解脫之道；將「聖僧」視為智慧與心清淨的共同化身。

「信」必然會帶來行動，從事修行，具體地說，就是在生活中實踐佛陀為他的追隨者所制定的準則。這些準則視弟子的情況與態度，而有很大的差異，某些準則更適合在家眾，某些則較適合出家眾，弟子的工作，就是在它們之間做出正確的選擇。

但這一切源自不同出發點的準則，最後皆匯歸於一條道路——普遍而唯一，正確無誤地趨入最後的目標。此即滅苦之道的八聖道，它以三學為體：戒（正語、正業與正命）、定（正精進、正念與正定）、慧（正見與正思惟）。

那些接受佛陀為老師，並試著遵循他的道路者，皆是他的聲聞弟子。佛教弟子的種類依慣例劃分，分為出家與在家二

眾，因此傳統上有「四眾」之說：比丘與比丘尼、優婆塞與優婆夷（在家男、女信眾）。雖然，以後的大乘經典似乎將聲聞與菩薩相比，而說成另一類較遜的弟子。

但早期佛教經典中，並無這類區分，而是廣泛以「聲聞」來指稱那些接納佛陀為師的人。此字是從使役動詞 sāveti（告知、宣稱）演變而來，意指那些宣稱佛陀為他們的導師者（或那些宣稱皈依佛法者）。在早期經典中，「聲聞」不僅專指佛陀的弟子，它同時也運用在其他信仰系統的追隨者上，他們有各自的導師。

一般弟子與聖弟子的區別

在佛陀廣大的弟子圈中有個重要的差別，他們被區分成兩類：一般弟子與聖弟子。這個差別不在於外在形式與生活型態，而在於內在心靈的層次。若我們從整個佛教傳統下的世界觀，或組成本書的傳記結構來看，這個差別會更加清楚。

佛教的世界觀──三界、輪迴、業

佛教經典編輯者所信受的世界觀，和現代科學告訴我們的差異甚大，它是由三個基本而相關的公理所構成。

第一，有情的宇宙是個多層次的巨構，有三個主要的

「界」，各個界又有許多附屬的「地」。最粗的一層是「欲界」，由十一個地組成：地獄、畜生道、餓鬼道、人道、阿修羅道與六欲天（譯按：四王天、帝釋天、夜摩天、兜率天、化樂天、他化自在天），其中只有人道與畜生道是我們自然感官功能可以感受到的。

在欲界之上是「色界」，那是與禪定相應的十六個向上遞升的較高的地，在此較粗的色法消失，眾生可享受比人間更高的喜悅、平靜與力量。最後，在佛教宇宙的頂端是「無色界」，四個與無色禪相應的極微妙的地，在此色法完全消失，住於此地者都只由心識構成。❷

第二個公理是轉世。佛教主張一切未覺悟的眾生──尚未斷除無明與渴愛者，都會被困在三界之內流轉。從無始以來，轉生即受到無明與渴愛的驅策，牽引意識流在一個反覆、持續不斷的過程中，從死亡到新生。這個不間斷的生死相續即稱為「輪迴」。

第三個公理是決定轉世領域的原則，即佛陀所謂的「業」，特殊意志下的行為。根據佛陀的說法，我們所有的善、惡業行都受制於無可逃避的報應法則。我們的行為會在進行的意識流中，留下造成異熟(vipāka)②的潛能──當累積的業遇到相應的因緣時，便會產生果報。

「業」不只決定人會投生到特定的地，同時也決定我們固有

的能力、習性與生命的基本方向。「業」運作的模式是道德上的：惡業──貪、瞋、痴所推動的行為，會帶來不好的轉世並造成痛苦；善業──布施、慈悲與智慧所推動的行為，則會帶來好的轉世與幸福快樂。❸

因為輪迴裡的一切經驗都是無常與苦的，所以早期佛教的終極目標，是從這個自生的循環中跳脫出來，達到無為的狀態──涅槃，在此不再有生、老與死。這是佛陀本人所達到的目標，是他自己神聖探索的頂點，也是他一直為弟子設定的目標。

凡夫弟子於世間生死輪迴

兩種弟子間的差別就在於他們與此目標的關係。一般的弟子就是凡夫或異生(puthujjana)③，人數要遠遠超過聖弟子。

這種弟子也許真誠皈依三寶，並完全投入「法」的修行，但不論他們的努力如何，就是還未達到不退轉的程度。他們尚未親自見法，尚未斷除內心的結縛，也還未進入永不退轉的究竟解脫之道。

他們目前的修行模式是在性格上作好準備：希望把心的功能導向成熟，在適當的情況下，便可進入出世間道。除非他們生起那種經驗，否則便得在輪迴中轉世──不確定地漂泊，還會犯戒，甚至轉生惡道。

聖弟子出離世間不退轉

相對應於一般弟子的是聖弟子❹，這些弟子凌駕於凡夫之上，已達到不退轉的程度，七世之內一定能達到最終的目標。支持他們從凡夫到聖者的，是內在的徹底轉化，這轉化可以從認知的與心理的兩個互補的角度來看。

經典指出認知的觀點是「得法眼」(dhammacakkhu-paṭilābha)④與「法現觀」(dhammābhisamaya)。❺這樣的事件，永遠改變人的命運，通常發生在弟子圓滿前行，並著手修觀時。在某一點，當洞見深入現象的本質時，會使慧根的成熟，當一切因緣具足時，無明的迷霧瞬間消散，讓弟子得以窺見無為界，即整個解脫過程的先決條件與最後一項——無死涅槃。

當這個洞見生起時，這個弟子便成為佛陀法音的真正傳人。

經典中稱這樣的弟子為：

> 已見法者、得法者、知法者、已深入法者、已度疑者、已離惑者、已得無所畏者、放師教不依他者。(MN 74)

雖然這洞見可能仍然模糊、不圓滿，但這弟子已見到究竟實相，接下來只是時間早晚的問題，在精進修行之下，他或她終會將這個洞見帶往正覺，完全體證四聖諦。

弟子進行轉化的另一面是心理狀況，即永久斷除某些被稱為

「煩惱」的不善心所。為了便於闡述，煩惱通常被區分成十種結縛，之所以如此稱呼，是因為它們將眾生困在生死輪迴中。從經典看來，在某些特例中，一個前世便擁有高度智慧者可以立即斬斷十結，從凡夫一躍成為完全解脫的阿羅漢。

四雙八輩的聖僧伽

不過，更典型的成就過程是，在四種不同的覺醒時機，按類相繼斷除十結，這是標準的作法。當圓滿現觀與斷除結縛時，結果產生四個階段的聖弟子，每個主要的階段又可再細分成兩種階段：「道」的階段，即當弟子正為除去特別成串的結縛而修行時；以及「果」的階段，即當完全地突破且斷除結縛時。這便是聖僧伽的古典分類法——四雙八輩。

入流——斷除身見、疑見、戒禁取見

覺悟的第一階段稱為「入流」（sotāpatti，須陀洹），因為有了這成就，弟子才有資格被說成是進入「法流」(dhammaso-ta)，即趨入涅槃的八聖道，永不退轉。

「入流」是由初次生起法見所產生，特色是斷除最粗的三結：（一）身見，即眾生於五蘊等法中，妄計有個實體的「我」；（二）疑見，即懷疑佛陀與他的教法；（三）戒禁取

見，相信只有外在的儀式（包括宗教儀式與苦行主義的苦修形式）能帶來解脫。

斷除這三結後，入流者便不會再轉生地獄、餓鬼與畜生道等三惡道。這種人頂多在人間或天界轉世七次，便能確定達到究竟解脫。

一來──減弱貪、瞋、痴

下一個重要的覺悟階段是「一來」(sakadāgāmi)，只要在人間或欲界天轉世一次，便可在那裡達到究竟目標。

「一來」除了已斷除的三結之外，並未再斷除任何結縛，但它減弱了三根本煩惱──貪、瞋、痴，它們只是偶爾生起，並且程度都很微弱。

不還──斷除欲貪與瞋恚

第三個階段是「不還」(anāgāmī)，又斷除第四與第五分結的兩個根本煩惱──欲貪與瞋恚，移除它們各種的，甚至最微細的偽裝。因為這兩結是將眾生困在欲界的主要結使，顧名思義，「不還者」就是永遠不會再返回此界。

此外，這種人會自然轉生在崇高的色界天之一的淨居天，只有不還者能到達這裡，並在此達到究竟涅槃，無須再回到這個世界。

阿羅漢──斷除色貪、無色貪、慢、掉舉、無明

第四也是最後的聖弟子階段是「阿羅漢」(arahatta)，他斷除了「不還者」殘留在「不還」中未斷的五上分結：色貪、無色貪、慢、掉舉、無明。由於無明是一切煩惱中最根深蒂固的，當阿羅漢完全覺悟四聖諦時，無明與其他所有殘存的煩惱便一起瓦解。心接著進入「諸漏已盡，得無漏心解脫、慧解脫」──佛陀稱此狀態為「梵行的無上成就」。

阿羅漢是早期佛教圓滿成就的弟子，整個佛教團體完美的典型。當談到佛陀的解脫，即使是佛陀本人，也被描述為是位阿羅漢，他宣稱阿羅漢斷除的煩惱與他是相同的。對阿羅漢來說，既無更進一步的目標要達成，也不會從已達成的目標上退轉。他或她已完成聖道的開展，已完全覺悟存在的本質，並斷除內心一切的結使。

阿羅漢的餘生便是以一顆清淨安穩的心，安住在寂靜中，在涅槃的體證上。然後，隨著身體的敗壞與壽命的結束，他或她便結束整個輪迴的過程。對阿羅漢來說，死亡並非與別人一樣，是通往另一個新生的入口，而是通往無為狀態本身──「無餘涅槃界」(anupādisesa-nibbānadhātu)的大門。這是佛陀教法所指出的，是真正苦的滅盡，以及無始生死輪迴的終結。

過去與現在諸佛點燃正法之光

一般都認為，在早期佛教中只承認一佛——喬達摩‧釋迦牟尼佛，多佛的概念是屬於大乘佛教崛起前佛教思想階段的新看法。現存最古老完整的有關佛教初期的資料來源——巴利藏經，顛覆了這個假設。

發現涅槃之道

經典中時常提到身為喬達摩前輩的六位古佛，並且在一部經(DN 14)中，佛陀對他們的生平還做了詳盡的介紹。在其他地方，他預言了一位名為「彌勒」(Metteyya)的未來佛出世，他會在一個心靈黑暗的時代，重新點燃正法之光(DN 26)。

在上座部較晚的文獻中，過去佛的數目增加到二十七位，在這些佛當中第二十四位燃燈(Dīpaṅkara)佛的座下，有個人被預言會在未來成佛，他就是喬達摩佛陀。❻

在歷史與宇宙的過程裡，每位佛陀的特殊作用是去重新發現與宣告被遺忘的涅槃之道。對於佛教來說，歷史不是從創世紀到啟示錄的直線呈現，它是在宇宙過程較廣的循環裡，相互套疊的反覆生滅循環中發展。世界系統生、住、異、滅，被從古老灰燼中生起的新世界系統所取代。在這樣的背景下，於無盡的時空中，眾生在三界中輾轉輪迴。

輪迴內的一切存在皆承受痛苦：它是短暫、不穩定與無實體的，從痛苦的出生開始，且在老、病、死的痛苦中結束。不過，每隔一段時間，從輪迴的黑暗迷宮中，便會出現一個人——總是在人間——他解開維繫這個束縛過程的紛亂因緣，藉由他自己的獨立智慧，發現被遺忘的涅槃之道——圓滿、平靜、解脫的無為法。這個人便是佛陀。

建立教團，指導佛法

佛陀不只重新發現涅槃之道，他還建立教說，給其他無數眾生學習佛法與實踐解脫道的機會。為了拉拔學道者，每位佛陀都建立僧伽——出家比丘與比丘尼的教團，他們出家而全心投入梵行或清淨的生活。每位佛陀都自由與公開地對比丘、比丘尼、優婆塞與優婆夷等四眾弟子教導佛法，為他們指出在輪迴裡向上提升的行為方針，以及解脫整個邪惡循環的道路。

即使對那些未達到初果的人來說，佛陀的出現仍然是件幸運的事，因為藉由皈依三寶，供養佛陀與僧伽，以及著手修行他的教法，眾生種下了最有潛力結成殊勝果實的福德種子。當種子成熟時，不只會帶領這些眾生轉生善趣，同時也會讓他們接觸未來佛，而能再度聽聞法音。當他們的諸根完全成熟時，便能現證解脫的道與果。

佛陀八十位大弟子

從隨侍的諸多聖弟子中，每位佛陀都會在某些特殊領域，指派幾個最卓越的弟子。

於特殊領域有成就的弟子們

首先，喬達摩佛陀在整個僧伽之首中，指派兩位比丘為「上首弟子」（aggasāvaka，或「聲聞中第一」），和他一起擔負指導比丘的責任，以及共統管理僧伽。兩者之中，一位是智慧第一，另一位則是神通第一。在現在佛喬達摩的教說中，這兩個職位由舍利弗(Sāriputta)及大目犍連(Mahāmoggallāna)兩位阿羅漢擔任。

此外，每位佛陀都會指派一名比丘擔任侍者，照顧他的所需，做為他和大眾之間的媒介，並隨侍他四處弘法。對我們的現在佛來說，這個職位是由阿難 (Ānanda)擔任，因為他負責保存佛陀的開示，所以他也以「佛法司庫」之名著稱。

這些最崇高與親近的職位，便說明了大弟子的範圍。在巴利藏《增支部》中，有〈是第一品〉(*Etadaggavagga,* AN 1; chap. 14)⑤，佛陀在其中創設八十個大弟子的類型：其中有四十七位比丘、十三位比丘尼、各十位優婆塞與優婆夷。在每個職位中指派一個最出色的弟子，不過在少數個案中，也有同一

個弟子在好幾個類型中勝出的。

例如，在諸比丘之中「妙音第一」的是：侏儒羅婆那跋提(Lakuṇṭaka Bhaddiya)；「能造自然而優美偈頌第一」的是鵬耆舍（VaṇgIsa，他同時也是「辯才第一」）；「信出家第一」的是羅吒婆羅(Raṭhapāla)等。

比丘尼是由兩名上首比丘尼領頭，讖摩（Khemā，意譯為「安隱」）是「智慧第一」；蓮華色(Uppalavaṇṇā)是「神通第一」。此外，波吒左囉(Paṭācārā)則是「持律第一」；「精進第一」的是輸那(Soṇā)；「宿命智第一」的是拔陀迦比羅(Bhaddā Kapilānī)等。

在家男眾之中「布施第一」是給孤獨(Anāthapiṇḍika)；「說法第一」的是質多(Citta)；「攝眾第一」的是呵多阿羅婆(Hatthaka Āḷavaka)等。在家女眾之中，「布施第一」是毘舍佉(Visākha)；「多聞第一」的是久壽多羅(Khujjuttarā)⑥；「慈心第一」的是沙摩婆提(Samāvatī)等。

巴利藏中，這些大弟子的篇章都非常精簡，只提到類型與在該領域最出色的弟子之名。關於這些被指派弟子的背景，必須到巴利語的註釋書，尤其是〈是第一品〉的註釋中去找尋。這些註釋的內容當然是出自比經典晚的時期，雖然它們充滿傳說與誇大的內容，在在都透露了它們晚出的事實，但它們卻也在晦而不明的歷史中，清楚說明了經中被指派弟子

心靈成長的過程。

發願與授記

每個故事的細節雖然不同，但卻符合相同的典型。即在從前某位佛陀的教化時期，他的某位支持者，看見他指定某個弟子在某種特殊領域最為卓越。這個信徒不是立即在那位佛陀座下證果，而是發願在未來某個佛的座下，達到那個被指派弟子的卓越成就。

為了宣誓，這個信徒對佛陀與他的僧伽做了豐盛的供養，頂禮大師雙足，然後宣佈他或她的決心。世尊接著便以神通力讓心直接進入未來，並看見這個誓願會在未來佛——喬達摩座下完成，因此他便授記這名弟子，他的願望將能實現。

舍利弗與目犍連這兩位大弟子，是在過去佛高見佛(Anomadassī)座下初發心，此佛是在喬達摩之前的第十八位佛。至於其他的大弟子，則是在過去第十五佛蓮華上佛(Padumuttara)的座下發願。

實踐十波羅蜜

在發願與得到授記後，發願成為大弟子者必須努力在餘生中，累積滿願所需的功德與知識。這需要十種「波羅蜜」（pāramī，意譯為「勝行」、「度」），即梵文佛教所對

應的「波羅蜜多」(pāramitā)。巴利原文共有十度：施、戒、出離、般若、精進、忍、真實、決意、慈、捨。❼

在大乘系統中，究竟佛果的候補者──菩薩，是以六波羅蜜多作為修行的核心，之後的上座部教法（以巴利註釋書為代表），則認為對於一切志求覺悟者，包括追求佛果、辟支佛果❽或阿羅漢果的弟子來說，它們都是必要的。

這三種覺者之間的差別，在於實踐波羅蜜的時間長短，以及圓滿它們的要求。究竟佛果的菩薩，需要修習波羅蜜至少四阿僧祇與十萬大劫，並且必須在初、中、後三種階位上圓滿它們。辟支佛果的菩薩需要修習波羅蜜兩阿僧祇與十萬大劫。對於弟子菩薩⑦的要求，則視最後覺悟的目標而異。那些決意成為上首弟子者，必須修行波羅蜜一阿僧祇與十萬大劫，大弟子菩薩則需十萬大劫，至於層次較低的阿羅漢果菩薩，則有相對應的較短時間。❾

這個說明，有助於我們了解一個往後在本書（編按：巴利佛典【佛陀的聖弟子傳】系列）傳記描寫中會看到的驚人事蹟：大弟子們達到覺悟之快速與出人意料。例如，在遊方沙門舍利弗初次遇見佛教比丘時，聽到一首四句偈便成為入流者；當大迦旃延(Mahākaccāna)還是個宮廷婆羅門時，聽完佛陀的開示便證得阿羅漢果。宮廷貴婦讖摩(Khemā)證得阿羅漢果時，身上仍然穿著她的華麗服飾。

人們可能很容易將這種快速的成就，視為只是另一個聖徒傳的熱情，但當我們將輪迴的背景納入考慮時，就會了解這種「頓悟」的例子絕非如表面呈現的偶然。它們的突然發生，並未違背心靈成長的自然法則，而是先前長期而緩慢準備過程的結果，在廣大的宇宙背景下經歷了無數世，一切培育的覺悟條件皆已臻成熟。那是因為弟子們一直都在進行，甚至連他們自己也不知道，在過去世中累積了豐厚的福德與智慧，因此在他們一接觸佛陀以及他的教法時，效果便立即呈現。

研究方法

本書是一本略傳的合集，長短不一，包括佛陀的二十四位[8]重要弟子在內。一篇是向智長老晚年所著（〈舍利弗傳〉），一篇是我自己所寫（〈大迦旃延傳〉），其他都是由何慕斯·海克所撰寫。❿

感同身受的見證者

我們盡量充實本書的視野與內容，目的不只是匯集第一手的原典資料，更重要的是為有心學習早期佛教的心靈典範者帶來激勵與啟發。我們所作的略傳，並不想從區分事實與虛擬杜撰的客觀立場出發，對弟子生平的事件做各種評價，以得

到無可懷疑的歷史真相。我們採用的研究方法是將作者的觀點置入資料之內，就如感同身受的見證者與辯護者，而非置身事外的學者或法官。

對我們來說，一切事件是否一如經典中的報導，真的實際發生過，並不是那麼重要，重要的是，它們讓我們看見早期佛教團體如何看待它精神生活的典型。因此，我們不嘗試從歷史觀點去援引資料，而是忠實記錄下經文本身所告訴我們的大弟子與他們的生平，並依據我們的反思與意見，配上摘錄的引文。

憶念聖弟子

因此，本書的正確使用方式，是將它當作「憶念」的練習，而非客觀學者的事業。佛陀說，憶念聖弟子是禪修生活的根本，而「僧隨念」(sanghānussati)是他經常建議追隨者的「六隨念」❶法門之一。對那些發現自己距離解脫還很遙遠的人來說，憶念那些破除我執，而達到高度清淨與智慧的聖者，是個很大的鼓舞。

藉由他們的例子，這些成就者鼓舞我們對於佛法解脫能力的信心。他們的生命說明了教法中提出的心靈典型，不只是空想而已，而是能透過活生生的人，努力對抗自身的缺點而達成。當我們研究他們的一生時，就能了解到那些大弟子都是

從像自己一樣的平凡人開始，遭遇到和我們一樣的障礙與困難。藉由相信佛陀與他的教法，以及藉由全心投入解脫道的修行，他們能超越一切我們過去所認為理所當然的限制，而提升到一個真正高貴心靈的次元。

在接下來的文章中，將探索這些站在整個佛教傳統源頭上，大弟子們的生平與性格。我們將檢視：他們過去世的背景與早期經驗；他們為了覺悟所做的努力；他們的成就與教法；他們在佛陀僧團中的表現；他們死亡的方式（如果知道的話）。這些和佛教正式的教理與修行一樣，都是佛教傳承的一部分，不只是古代歷史暮氣沈沈的片段，而是在這人類歷史的重要時機，留給我們活潑而光輝的遺產；這些弟子以他們的生命清楚說明了自我超越的可能性，那和我們的生存是緊密結合的。

原始資料不足的問題

我們在研究時，選擇弟子所依據的主要標準，是在教說裡他們的心靈境界與引人注目的事蹟。然而這標準，有另一個嚴格限制我們選擇的平衡要素，那就是可用的相關原始資料。與現代心態所預期的相反，包含某位弟子的傳記資料與經文數量，並不總是和他或她在僧團中的心靈地位與角色相稱。佛陀的大弟子圈包含比丘、比丘尼、優婆塞以及優婆夷，他

們受到世尊高度的讚揚，然而這些人卻很少留下任何顯著的資料。

例如，優波離(Upāli)尊者是「持律第一」者，他負責在第一次結集中匯編原始律藏，然而他被保存下來的傳記資料卻湊不滿一頁。原始資料不足的問題在女眾弟子身上尤其嚴重，我在下面會詳細討論這點。男眾的情況也是如此，一旦離開語佛陀最親近的弟子圈時，紀錄便少得可憐，甚至完全無聲無息。很顯然地，在洞見諸法無我之後，古代的佛教徒們並沒有什麼興趣去編輯「無我者」的傳記。

聖弟子的略傳

儘管有這個困難的限制，但在經文與註釋雙管齊下之下，我們還是收集了足夠研究二十四位弟子傳記的資料。前六章（編按：本書系列第一至三冊）是從長老比丘開始：兩位上首弟子──舍利弗與目犍連，充分地分攤了佛陀四十五年來建立教說的重任。在世尊去世之後，大迦葉(Mahākassapa)成為僧團的實質領導人，並以他的遠見確保了教說的存續。佛陀的堂弟與侍者──阿難，他強大的記憶力保存了大量的法寶，保護它免於隨著時間而流逝。佛陀的另一個堂弟──阿那律(Anuruddha)，擁有超凡的天眼能力。大迦旃延，是最能將世尊的簡短發言詳加闡述者。

雖然，有時在這些傳記中，有幾個相同的事件會重複出現。例如，舍利弗與目犍連的早期生涯，以及大迦葉與阿難在第一次結集前的生活，為了保持每一篇傳記的完整性，我們保留了這些重複。它們將這些相同的事件，從所涉及不同弟子的個人觀點中凸顯出來，從而提供我們更完整的事件輪廓。

接下來的一章（編按：本書系列第四冊）是研究十二位⑨傑出的女弟子，包括比丘尼與近事女在內。敏感的讀者可能會抗議，怎麼可以將十二位女弟子擠進一章中，而男眾弟子則安排了有九章之多，作者似乎有性別歧視。

對於這個抱怨，身為編輯的我只能回答，男女比例不平衡並非因為歧視，而是反應原始材料的分配不均。我們很希望對於女性的研究，能一如男性般深入與詳盡，但原始材料所呈現的，除了對女子去皈依佛陀，以及她們覺悟經驗的簡短描寫之外，其他都付之闕如。有時很可悲的，甚至連那些資料也不可得。

例如，蓮華色是比丘尼僧團的第二大弟子，然而她的傳記描寫（在註釋書中），卻幾乎都集中在她前世的長篇故事上──對現代人來說顯得頗為敏感。接著，便是少許她身為僧團比丘尼之歷史生活的簡短段落。

女眾弟子這一章也包含一位尚未達到任何聖果的近事女在內。她是拘薩羅國 (Kosala) 波斯匿王 (Pasenadi) 的皇后──摩利

迦（Mallikā，即末利夫人），雖然摩利迦並未證得入流果，並曾因一個異乎尋常的罪行而短暫轉生地獄，但她仍然是佛陀虔誠的支持者，她的行為在其他各方面都堪為模範。

本章最後一個故事——伊師達悉（Isidāsī，意譯為「仙見」）比丘尼，可能不是佛陀的直接弟子，有內部證明顯示她的詩甚至可能是在世尊去世後一百年才作的，但由於她的故事是在《長老尼偈》中被發現，且由於內容精彩，我們也將它納入本書中。

在女眾弟子之後是描寫一位比丘，他雖然並未被列在八十位大弟子中，但他一生的故事卻如神話一般，那就是央掘摩羅(Aṅgulimāla)比丘。他早年是個最兇惡且殘忍的連續殺人犯，但在佛陀的開導下，他從罪惡的生活轉變成聖潔的生活，並成為懷孕婦女心目中的「守護聖者」。

接著，我們要研究佛陀的第一施主——給孤獨長者的生平與成就，他將佛陀喜愛的僧團住處供養佛陀，並在許多方面都是在家佛教徒理想的代表。最後，我們以四位弟子一系列的短篇故事作為總結，包括另一位重要的在家弟子質多長者在內，他對「法」的了解與在禪修上的技巧，贏得許多比丘的讚歎。

資料來源

我們對大弟子描寫的主要來源是援引自上座部佛教的經典集合——巴利藏經，以中世紀的印度亞利安語，即現在所知的巴利語保存。這個集合包含三藏：「經藏」(Sutta Piṭaka)、「律藏」(Vinaya Piṭaka)、「論藏」(Abhidhamma Piṭaka)。❷最後這一藏，包含心理－哲學分析的技術領域，幾乎與我們的目的完全無關；而律藏則主要是取其戒條的背景故事，而非它自身的主題事物——僧團秩序的管理儀規。

來源之一——經藏

經藏因此成了我們傳記研究的基石。這一藏包含四大部：《長部》(Dīgha Nikāya)、《中部》(Majjhima Nikāya)、《相應部》(Saṃytta Nikāya)、《增支部》(Aṇguttara Nikāya)。其中的《相應部》分為五十六章，在共同主題下有許多短經；而《增支部》則是依照數目型態，從一到十一集的短經集合。我們在《增支部》的一篇中，發現〈是第一品〉，佛陀在其中提出了八十位大弟子。

除了四大部之外，經藏還有第五部：《小部》(Khuddaka Nikāya)，是該藏卷數最龐大的部分。在這部經典雜集中，我們發現四本與大弟子特別有關的作品，有兩本是一組的：

《長老偈》(*Theragāthā*)，包含與兩百六十四位比丘有關的一千兩百七十九偈，與《長老尼偈》(*Therīgāthā*)，包含與七十三位比丘尼有關的四百九十四偈。

在這兩個作品中，古代的佛教僧伽長老說出導致他們過出家生活的事件、覺悟的成就，以及他們見法的偈頌。雖然其中有許多偈頌只是訓勉的話（在經中其他地方也有類似的事物），並不太像自傳，然而這些訓勉的偈頌，卻讓我們得以一窺說話者的人格。

在《小部》裡，第三本與本書有關的作品是《本生經》(*Jātaka*)，藏經中的《本生經》只有偈頌，單獨閱讀很難理解，完整的《本生經集》（在《本生經註》中被找到）包含藏經偈頌中所蘊含的五百四十七個「出生的故事」。它們敘述了菩薩——未來的喬達摩佛陀，在過去生中積聚成佛資糧的冒險經歷與英勇事蹟。

受到華麗的印度神話所滋養，這些故事以傳說與寓言作為佛法的工具，傳達佛教倫理的課程。透過這些故事的「前言」與「後記」，它們與大弟子的研究產生關連。「前言」先道出佛陀僧團成員的插曲，帶出接下來他要說的故事，通常這些插曲反映了遙遠過去的事蹟，它們大都與和重要弟子的前世有關。在「後記」中，佛陀則比較過去生與此世所處環境的性格一致性（例如，「目犍連那時是大象，舍利弗是猴子，

而我自己則是聰明的鷓鴣鳥」），這將有助於我們發現弟子們的輪迴背景。

與本書有關的第四本《小部》作品是《譬喻經》(Apadāna)，全部都是偈頌，並且較晚出現，所以選用得很少。它是一本選集，是在佛陀座下得到阿羅漢果的比丘與比丘尼敘述他們過去世所做的功德，偶爾還會提到他們最後的解脫成就。這本經分成兩個主要部分：〈長老譬喻〉（Thera-apadāna，共五十五章，各有十個故事），與短很多的〈長老尼譬喻〉（Therī-apadāna，共四章，各有十個故事）。

來源之二──巴利註釋書

我們所援引的第二個原始素材是巴利註釋書，其重要性僅次於藏經。在藏經的眾多註釋書中，有四本對我們特別珍貴，除了前面提過自成一類的《本生經註》外，還有《增支部》的《是第一品註》，它出現在《增支部》的完整註釋《滿足希求》(Manorathapūraṇī)中。它被歸於最偉大的巴利註釋者佛音論師(Ācariya Buddhaghosa)[10]所作。它的作品是奠基於古錫蘭註釋（已不存在），這些註釋，都被保存在錫蘭古都阿耨羅陀補羅(Anurādhapura)的大寺(Mahāvihāra)[11]中。

這一章的註釋有對每位在各領域最傑出弟子的傳記描寫。每個故事都有個類似的模式，一開始會提到這位弟子在過去世

中發願成為上首弟子，接著穿插在過去幾世中他們做了一些傑出的事，然後提到在最後一世中與佛陀相遇。通常這故事在他們被指定為大弟子時結束，但偶爾也會繼續提到他們在出家生涯中的事件。

另外兩本註釋書分別是《長老偈註》與《長老尼偈註》，它們都被命名為《勝義燈》(*Paramatthadīpanī*)，並且被歸為印度東南沿海巴多羅底陀寺 (Badaratittha) 的法護論師 (Ācariya Dhammapāla) 所作，他比佛音也許晚了一個世紀，它們明顯是奠基於舊文獻上，並反映出大寺的註釋原則。這兩本註釋書有部分與《增支部》的資料重複（有時會出現有趣的變異），吸納了《譬喻經》的引文，同時也解釋了這些弟子說出被認為是他們所作特殊偈頌的緣由。

還有第四本註釋書，後來被證明為是有用資料的泉源，雖然通常是富於想像的，即《法句經註》，它通常被歸為佛音所作，雖然這說法有時會受到現代學者質疑。這本註釋書有個基本前提，即《法句經》中看得到的每個偈頌（或偈頌的每一行），都是佛陀為回應某個特殊事件所說。這註釋的目的是，敘述引發佛陀說那首偈頌的過程，但它通常帶領我們超越即時的背景事件，到達造就那首偈頌的整個複雜環境網絡。有時這個註釋說到一系列的背景故事，甚至延伸到前世，因而揭露了發生在佛陀與其弟子之間的業力背景。

方法附記

在此要強調一點，除了註釋中的背景故事之外，我們對大弟子傳記的配置，並未考慮它們的相關性與一致性。事實上，在整個巴利藏經中，我們甚至找不到佛陀的相關傳記；關於這點，在巴利傳統中最早的嘗試，似乎是《本生經註》的序——《本生因緣》(*Jātaka-nidāna*)。

我們對弟子傳記最為完整的資料來源〈是第一品〉的註釋，似乎偏重他們過去的輪迴史，而非他們在佛陀座下的經歷，而其他註釋解釋最多的是個別事件，而非完整的生平。因此，本書的略傳是從遺留下來的經典中慢慢搭建而成，我們嘗試以自己的思惟與詮釋為接合材料，把它塑造成井然有序的整體。

此外，讓我們更難作的是，巴利藏經的編輯者在敘事時，並未根據連貫的原則，不像我們所預期現代傳記或新聞報導的方式。由於當初的參與者基本上是在一個口述而非文字記錄的傳統下，他們喜以切分音符的方式處理事件，所以考慮的不是流暢優雅的文字，而是教學與記憶的訓練需求。我們只能寄望在古代經典的紀錄中，敘事者突發與不連貫的靈感火花，不要造成太多突兀的裂痕。

在處理資料的過程中，我們試著在限於單本書的實際前提

下，讓它儘可能豐富。不過，在選擇所要納入的事件中，我們確實是遵循著特定的標準。巴利藏經的編輯者在編輯這些經典時，其標準基本上也和我們相同：即選擇一些事件與軼事，最能清楚傳達該弟子的個性，以作為佛教團體學習的典範，或能揭露他或她修行與悟法的特色。

我們也希望將該弟子一些過去世的資料納入，雖然這幾乎可以確定是傳說，但它卻透露了早期佛教社會的認知，他們認為那對該弟子的一生有著深遠的影響。但由於這些材料通常都是出自如《譬喻經》與《本生經》等較晚的經典，因此我們不想放進太多，以免讓具有歷史基礎的四部尼柯耶(Nikāya)⑫中的資料反而變成陪襯。我們也引用了《長老偈》與《長老尼偈》的偈頌，有時在某部傳記中，這些偈頌會被放在它們自己的一節中一起討論，有時則是打散作為一般的側寫。

本書最有效的使用方式，是依照它們最初的寫法，即為了激勵與薰陶心靈的目的而閱讀；不應存著閱讀小說的心態來讀。在此建議讀者，一天最好不要閱讀超過一章，應該和你正在學習的某個特殊弟子「交朋友」，思惟他或她的生命與教導，並試著發現那些故事對現代人有何啟發。最快也要等到隔天，才可以進行下一章。你的心可能會迷戀這些事，因此最好克制一下好奇心，並不斷提醒自己為何閱讀這本合集的原因。

正確的理由應該是：我們不是為了往昔有趣的軼事與浪漫情懷，而是為了以這些早期佛教成就者鮮活的描寫，來提升自己心靈的洞見。

原註

❶ 在佛陀的「十智力」中。參見 MN 12，《大獅子吼經》。

❷ 關於佛教上座部傳統宇宙圖更進一步的討論，請參考菩提比丘所編的《阿毗達摩概要精解》（A Comprehensive Manual of Abhidhamma），第五章，第二至十七節（BPS, 1993）。（譯按：中譯本由正覺學會於89年出版）

❸ 同上，第十八至三十三節。

❹ 在經典中，「聖弟子」的表述似乎有兩種定義。廣義是指「聖者的弟子」，即佛陀的弟子，包括任何用功的在家弟子；狹義的則是更專門性的定義，是指已證果的四雙八輩的聖者。在此我使用的是第二種定義。

❺ 參考 SN 13:1。

❻ 關於喬達摩之前的二十四位佛陀的詳細資料，可以在《佛種姓經》（Buddhavaṃsa）中找到。關於菩薩（佛陀）與燃燈佛相遇的故事是在 Bv. 2A 37-108；前三佛則在 Bv. 27, 1被提到。

❼ 進一步的詳細討論，請參考菩提比丘所著，《包含一切見網經》（The Discourse on the All Embracing Net of Views, part 4, BPS, 1978），即《梵網經》，第四部分。

❽ 辟支佛是在沒有老師的幫助下而達到覺悟者，類似無上的佛陀，但他並未像無上的佛陀一樣建立教團。據說只有在無上佛陀的教法不為世人所知的時期，辟支佛才會出現。請參考李爾‧克羅潘伯格（Ria Kloppenborg）的《辟支佛：佛教沙門》（The Paccekabuddha: A Buddhist Ascetic, BPS, Wheel No. 305/307, 1983）。

❾ 這些差異出自《經集註》（Suttanipatā Commentary），頁 48-52（PTS編）。一劫（kappa）是宇宙生成與毀滅所需的時間。關於比喻，請參考 SN 15:5, 6。對於阿僧祇的時間，我找不到確切的說明。

❿ 海克博士原來所寫的略傳，有些已被向智長老大幅擴增。詳細請參考本書【附錄】〈各冊文章的原作出處〉。

⓫ 參考 Vism. 7.89-100。

⓬ 有關進一步的詳細資料，請見魯賽爾・韋伯（Russell Webb）所著，《巴利藏經分析》（*An Analysis of the Pāli Canon*, BPS, 1991）。

譯註

① 轉法輪：「法輪」是對佛法的喻稱，「轉法輪」則是指佛陀宣說教法。以輪比喻佛法，是表示：（一）佛法能摧破眾生罪惡，如同轉輪聖王的輪寶，能摧輾山巖。（二）佛法不停滯，猶如車輪輾轉不停。（三）佛法圓滿無缺，故以輪之圓滿做為比喻。

② 異熟（vipāka）：舊譯為「果報」，是善、惡業所得果報的總稱，因為因與果必異時而熟，故稱「異熟」。

③ 異生（puthujjana）：即指凡夫。因凡夫輪迴六道而受種種別異的果報；又因凡夫由種種變異而生邪見、造諸惡業，所以稱為「異生」。

④ 得法眼（dhammacakkhu-patilābha）與法現觀（dhammābhisamaya）：「現觀」意指「充分理解」，「法」是指四諦或緣起法，「法現觀」即指理論性地理解四諦或緣起法，而證悟得初果（須陀洹）。獲得此現觀的證悟即稱為「得法眼」，「法眼」是指「有關法（緣起道理）的智慧之眼」，即佛教正確的世界觀、人生觀。

⑤ 即《增一阿含經》卷三～七的〈弟子品〉、〈比丘尼品〉、〈清信士品〉、〈清信女品〉，或第一二六經《佛說阿羅漢具德經》。

⑥ 《增一阿含經》說她為「智慧第一」。

⑦ 弟子菩薩：又稱「聲聞菩薩」，共有三種：（一）未來上首弟子：每位佛陀都有兩位上首弟子，就如釋迦牟尼佛有舍利弗與目犍連兩位上首弟子；（二）未來大弟子：就如釋迦牟尼佛時的八十位大弟子；（三）未來普通弟子：除了上述兩種弟子以外的阿羅漢。詳見《宿住論》（《大本經》的註釋。DN 14）。

⑧ 參見【英文版編者前言】註②，頁25。

⑨ 在原書（佛陀的偉大女弟子）一章中，共分十二節——介紹女弟子的故事，其中一節包含兩位女弟子，所以應為十三位女弟子。

⑩ 佛音論師（Ā cariya Buddhaghosa）：五世紀中印度摩揭陀國人，是上座部佛教最偉大傑出的論師。西元 432 年渡海至錫蘭的大寺，將全部錫蘭文的三藏聖典翻譯成巴利語，並領導完成註釋工作，奠定上座部佛教興盛的基礎。又撰有《清淨道論》，是匯集南傳上座部教理最詳盡的論書。

⑪ 大寺（Mahāvihāra）：西元前三世紀中葉，阿育王之子摩哂陀長老往錫蘭傳教，於古都阿耨羅陀補羅建立提沙拉瑪精舍，是為大寺的前身。從此錫蘭佛教迅速發展，以大寺為統一教團的中心。至西元前一世紀，錫蘭佛教分裂為大寺派與無畏山寺派，前者堅持保守傳統上座部佛教，後者容納大乘佛教。西元五世紀，佛音論師於大寺注釋三藏，奠立大寺派基礎，至十二世紀左右，無畏山寺派消失，大寺派的上座部佛教才完全確立其在錫蘭的正統地位至今。

⑫ 四部尼柯耶（Nikāya）：即《長部》、《中部》、《相應部》、《增支部》。

第一部

天眼第一
阿那律

何慕斯・海克／撰

第一章

早年與出家

阿那律和阿難一樣,都是釋迦族的貴族,且是佛陀的堂弟。他和阿難的父親都是甘露飯王(Amitodana),然而他們應是異母所生,因為經中並未將兩人視為兄弟,並暗指他們是在不同的家庭長大。阿那律的同胞兄弟是釋迦族的摩訶那摩(Mahānāma),他有個姐妹名為盧希妮(Rohiṇī)。

未聽過「沒有」一詞

阿那律在奢華的環境中長大,從小就養尊處優。經典對他早年的描寫和它們用來描寫菩薩的養成詞彙相同:「釋迦族的阿那律受到精心培育。他有三座宮殿——冬宮、夏宮、雨宮,在四個月的雨季期間,他都在宮中由四位樂妓侍候,無須踏出那座宮殿。」(Vin. 2:180)

在《法句經註》中記載了一個有趣的故事,我們可從中了解到阿那律的成長過程,是多麼無憂無慮與天真。❶註釋中說,他年輕時的生活優渥到從未聽過「沒有」這個詞——因

為無論他想要什麼，欲望都很快就會實現。

有一天，阿那律和五個釋迦族少年玩彈珠遊戲，並以糕餅作為輸贏的賭注。前三次他輸時，都派人去向母親要糕餅，他母親三次都很快地就給他們。但當他第四次輸時，又派人去要糕餅，母親卻回答：「沒有糕餅可以給了。」由於阿那律以前未曾聽過「沒有」之說，他以為這個「沒有」一定是某種糕餅，因此便派人傳話給母親：「給我送來一些『沒有』糕餅。」

母親為了幫他上一課，便送了一個空盤子去，但好運似乎總是站在他這邊。由於他前世累積了很多福報，天神們決定不讓他失望，因此將空盤裝滿美味的天界糕餅。當阿那律嚐過之後非常高興，便一再地派人去向母親要更多盤「沒有」糕餅，而每次盤子抵達時，都裝滿了天界的美食。

生起迫切的出離感

阿那律就在不識愁滋味地競逐歡樂中，度過早年時期，很少思考存在的意義與目的。他生命的轉捩點，在著名的堂兄──佛陀來迦毗羅衛城時出現。❷藉由本身的範例與教法，佛陀激勵了許多親屬出家為僧。

有一天，摩訶那摩發現許多釋迦族人都出家了，只有他們這

家還未有人如此做。於是他告訴阿那律這個想法，最後的結論是：「那麼現在，是你出家或我出家呢？」

這個提議對阿那律來說一定宛如晴天霹靂，他猶豫地說：「我一直都養尊處優慣了，因此我無法出家，你去吧！」

但摩訶摩那清楚描述必須承擔的在家生活負擔：「首先，必須耕田，然後必須播種、灌溉、排水、除草、採割、收穫、堆聚、打穀、簸穀、簸糠、篩糠與銷貨。年復一年，你都必須這麼做。」

阿那律問：「這份工作何時才會停止？何時才能盼到結束？何時我們才能無牽絆地盡情享受五欲之樂呢？」

他的兄弟坦白回答：「親愛的阿那律！這份工作不會停，它永遠不會結束，即使當父親與祖父逝世時，也未停過。」

他話語甫畢，阿那律就已下定決心：「兄弟！你來照顧家業，我去出家。」想到循環不已的辛苦勞碌，以及輪迴轉世的險惡，迫切的出離感便油然而生。他看見自己在生命中的每一刻都必須不斷地奮鬥，然後死亡並轉生別處，一再地輪迴。當看見這點時，此世的生命對他來說變得毫無趣味與意義，而另一個充滿希望的選項——跟隨堂兄出家，並努力打破無盡的輪迴，如今似乎更具吸引力。

勸導拔提一同出家

他立即去找母親，請求她准許他出家成為比丘。然而母親拒絕了，她不願和任何一個兒子分開。但當阿那律堅持時，她說如果他的朋友釋迦族長——拔提(Bhaddiya)王子，願意進入僧團，那麼她就同意。她一定是認為拔提不會放棄領導特權，而阿那律也就會選擇和朋友繼續過在家生活。

於是阿那律去找拔提，告訴他：「我能否出家全靠你了，讓我們一起出家吧！」拔提回答：「無論是否要靠我，都應該出家，我和你……」他話說到一半就停了，原來是想說：「我和你一起去。」但因突然感到後悔而中斷。屈服於對權力與享樂的貪著，他只是說：「如你所願，去出家吧！」

但阿那律一再地勸他：「走吧，朋友！讓我們兩個一起去。」當拔提看到阿那律如此誠心時，他終於軟化，並說：「再等七年，朋友！七年之後我們再一起出家。」但阿那律回答：「七年太長了，朋友！我無法等七年。」一再地懇求下，阿那律迫使拔提逐步縮短時間到七天，那是他需要處理俗事與安排繼任者的時間。他言而有信，因此阿那律得以獲准和他一起出家。

優波離先於釋迦族王子出家

阿那律的例子促使其他釋迦族的王子，也追隨偉大的親戚加入僧團。因此，當約定的日子來到時，六位釋迦族王子——拔提、阿那律、阿難、拔咎(Bhagu, Thag. 271-274)、金毗羅(Kimbila, Thag 118, 155-156)與提婆達多，以及宮廷理髮匠優波離(Upāli)與一位衛士，便各自從家裡出發。為了避免讓人懷疑他們離開的動機，他們假裝要去園林遊玩。

走了一段很遠的距離之後，便讓衛士先回去，並進入鄰國。他們將取下的飾品綁成一包，交給優波離，說：「這足夠你生活之用了，現在回家去吧！」但理髮匠優波離在半途中停了下來，並想：「釋迦族人生性強悍，他們會認為是我謀殺了這些年輕人，而會殺了我。」於是他將那包東西掛在樹上，又趕回去加入那群王子。他詳述自己的恐懼，並對他們說：「王子們！如果你們是去過出家的生活，為何我不能如此做呢？」

年輕的釋迦族王子們也認為優波離的選擇是對的，並允許他加入他們一起去見世尊。他們來到大師面前，請求他剃度，並說：「佛陀！我們釋迦族很高傲，理髮匠優波離已照顧我們很久，請佛陀先為他剃度，這樣一來他就會成為我們的長者，我們便得禮敬他，並善盡照顧長者之責。如此一來，我

們釋迦族的驕傲便得以減輕而學習到謙虛。」佛陀同意他們的請求，七人便以優波離為首，接受剃度(Vin. 2:182-183)。

一年之內，他們多數人都已達到一些心靈成就。拔提是第一位證得阿羅漢果，成為具足三明❸者。阿那律獲得天眼，阿難證得入流果，提婆達多獲得世俗神通。拔咎、金毗羅、優波離、阿難與阿那律後來都成為阿羅漢，但提婆達多爭強好勝的野心，則將他誤導至地獄。

原註

❶ 在《法句經註》中，這件軼事出現過兩次，分別在17頌與382頌的故事中；請見BL，1:231, 3:267-68。

❷ 此事是出自Vin. 2:180-83。

❸ 三明(tevijjā)：即宿命明、天眼明、漏盡明。

第二章

努力證得阿羅漢果

「天眼」是指看見超出肉眼範圍之外的能力，就阿那律而言，他能延伸到一千個世界。這種能力的性質是世間的，我們底下會再詳細討論，擁有它者不必然已覺悟「法」。阿那律獲得天眼是在成為阿羅漢之前，為了攀上巔峰，他還得克服更多內在的障礙。藏經中有三處提到他的努力。

解脫十一種隨煩惱

有一次，當阿那律尊者和兩個朋友——堂兄難提(Nandiya)與釋迦貴族金毗羅，住在東竹林時，佛陀去探望並詢問他們進步的情形。❶於是阿那律告訴佛陀自己在修習一個非常微妙禪定時，所遇到的困難。他感覺到內在的光明，並看見一個微妙的色相。❷但那光明與影像很快就消失了，他不了解其中的緣由。

佛陀說，當自己尚在努力達到覺悟時，也遭遇過相同的問題，但他已了解如何掌握它。他解釋，要充分體驗這些微細

狀態，並穩定地認知它們，人們得先解脫十一種隨煩惱(upakkilesa)①。

首先是「疑惑」這些現象的真實性與光明想的重要性，那很容易就被視為一種感覺的幻相。

其次是「失念」，行者不再將注意力全部放在光明想上，認為它不值得注意，或並不重要，而漠視它。

第三種隨煩惱是「昏眠」②；第四種是「恐怖」，發生在突然受到來自潛意識的影像或想法驚嚇時。當能控制住這些隨煩惱時，「歡喜」會生起，令身心興奮，這種得意感通常是成功的習慣性反應。

當「歡喜」耗盡時，他可能會感到虛脫，並落入「粗重」，一種沈重的被動心態。為了克服它，他可能會勉強努力，造成「過度的精進」。覺知到過度時，他可能會放鬆，並再度落入「懈怠」。

在這種情況下，當正念微弱時，隨著光明想的專注範圍擴大，對於天界或人世可意的事物可能會生起「欲望」。「欲望」會觸及多種事物，而引發「種種之想」，無論是在天界或人間的層面上。由於不滿這種種的形色，他選擇思惟其中一種，無論它本質上是可意或不可意的。強烈專注於這個選定的對象，將導致第十一種隨煩惱──對諸色「過度地觀察」。

佛陀對阿那律與他的兩個同伴，如此清晰地敘述在禪定淨相

中可能生起的這十一種隨煩惱，並解釋如何克服它們(MN 128)。③

斷除慢、掉舉、惡作三結

當阿那律對於禪定與微細的禪想愈來愈通達時，有一天他去找舍利弗尊者，說：

> 舍利弗吾友！我以超越世人眼界的清淨天眼，可以看見大千世界。我精進不懈，正念、正知且無疑惑；我的身體平靜無憂擾，我的心專注於一處。然而，我的心卻仍未從煩惱與貪著中解脫。

舍利弗回答：

> 阿那律吾友！當你想到你的天眼時，慢心就生起了；當你想到自己堅定的精進、正念、無憂擾的色身與專注一處的心時，掉舉就產生了；當你想到你的心不能從煩惱解脫時，這就是惡作。④這將會對你有所助益，如果你能捨棄這三種心境，不再注意它們，就能將心引導到「不死界」——涅槃。

聽完舍利弗的建議之後，阿那律再次獨自隱居起來，認真斷除心中的這三結(AN 3:128)。

心存八種思惟

之後，阿那律住在支提國的東竹林。於禪觀中，他體悟到一個真實大丈夫(mahāpurisavitakka)應該抱持的七種思惟：

> 這個「法」是給少欲者，而非多欲者；這個「法」是給知足者，而非不知足者；這個「法」是給樂遠離者，而非樂群居者；這個「法」是給精進者，而非怠惰者；這個「法」是給正念者，而非混亂者；這個「法」是給專注者，而非不專注者；這個「法」是給智者，而非愚痴者。

當佛陀以自己的心感知阿那律心中生起的這些想法時，遂以「意生身」(manomaya-kāya)⑤出現在他面前，並稱讚他：

> 很好，阿那律，很好！你已考慮到大丈夫的七種思惟。如今你可以考慮大丈夫的第八種思惟：「這個『法』是給傾向於無戲論❸者，愛好無戲論者，而非給傾向於世俗戲論與愛好此道者。」

佛陀接著說，當阿那律心存這八種思惟之時，他就能達到四種禪定⑥，不再受世間法的影響，而會視比丘的四種資具——三衣、乞食、住處與醫藥——如同在家人享受奢華一般。這種簡單的生活，會讓他的心喜悅與平靜，因而有助於達到涅槃。

證得阿羅漢果

離開時，阿那律依照佛陀的建議而留在東竹林，就在這個雨季安居期間，他終於達到努力的目標——阿羅漢果，無漏心解脫(AN 8:30)。在成就的時刻，阿那律說出以下的偈頌，對大師協助他完成心靈任務，表達感激之意：

> 了解吾心意，
> 世間無上師，
> 藉由意生身，
> 以神通出現。
>
> 吾心思惟時，
> 彼教我增上，
> 佛樂無戲論，

彼教我離戲。

了解彼之法，
吾樂住法上。
已達三智明，
完成佛教法。(AN 8:30; Thag. 901-903)

原註

❶ 難提在Thag. 25有首偈頌，金毗羅則在Thag. 118。另外請見AN 5:201, 6:40, 7:56, SN 54:10。

❷ 光明想(obhāsa-saññā)是「光明遍作」(Comy.:parikammobhāsa)的前行。而「色的見」(rūpānaṃ dassana)則是以天眼見色。

❸ 「無戲論」(nippapañca)：或譯「無障礙」、「無妄想」，即指涅槃──從龐大與複雜的萬法中究竟解脫。由此可知，「戲論」(papañca)即意味著存在的龐雜面向。

譯註

① 隨煩惱(upakkilesa)：具破壞性的障礙，屬於較小的煩惱。

② 昏眠：昏眠是指昏沉與睡眠。昏沉是心的軟弱或沉重，睡眠是心所沉滯的狀態，因為兩者都源於懶惰與昏昏欲睡，皆有使心、心所軟弱無力的作用，故合為昏眠。

③ 佛陀告訴阿那律以修定來解脫十一種隨煩惱：「阿那律！我修有尋有伺定，亦修無尋唯伺定，亦修無尋無伺定，亦修有喜定，亦修無喜定，亦修捨俱定故，而於我更生智見。」「我解脫不動，此是最後生，今亦無後有之事。」

④ 慢與掉舉是在阿羅漢果才被斷除的五上分結之二，而惡作則是在阿那含（不來）果時就已斷除。

⑤ 意生身(manomaya-kāya)：或譯「意成身」，「意」有無礙、迅速、遍到的三種作
　　用。阿羅漢、辟支佛、大力菩薩等三種聖人可得這種微妙身，如我們的意識，不受
　　時空的限礙而迅速一樣，隨意所成，所以稱為「意生身」。
⑥ 四種禪定：初禪至第四禪，是屬於色界的禪定。

第三章

阿那律的心靈之道

阿那律尊者的心靈之道有兩個重要特色：第一，精通天眼
(dibbacakkhu)與其他神通；第二，修習四念處(satipaṭṭhāna)①。
我們將依次討論它們。

精通天眼

「天眼」顧名思義就和天人所見相同，即能在遙遠的距離，
在障礙背後，並在不同的存在維度，看見事物。❶

修習光明遍至第四禪而生起天眼

天眼是由禪定力開發而成，它並非具體的感官，而是一種視
覺功能運作的智明。這功能是在第四禪的基礎上生起，特別
是透過光明遍或火遍②，即以光明或火為禪修對象而獲得。
在透過這些遍處通達四種禪之後，禪修者再退回較低層次的
近行定(upacāra-samādhi)③，將光明擴展到附近區域，因此能
產生平常無法認知到的視覺形相。

當禪修者愈來愈精通這種散發光明的能力時，他就可以逐漸擴大光明區域，將光明向外投射到遙遠的世界，或人生存地之上與之下的生存地④，這會揭開凡夫肉眼無法達到的許多存在維度。

死生智能知曉眾生死亡與轉生

根據經典，天眼的獨特功能是知曉眾生死亡與轉生的智明──死生智(cutūpapāta-ñāṇa)。佛陀在覺悟那晚獲得這種智明，且一直將它納入逐步漸修過程完成的成就中，它是三明（見MN 27的例子）中的第二明，也是六神通(chaḷabhiññā，見MN 6)中的第四神通。⑤

藉由天眼，禪修者能看到眾生從一個存在形式死亡並轉生到別處。但天眼不只能看到從這一世到另一世的轉生過程，藉由適當的決心，也能用它來發現是何種業導致轉世。在這種運用中，它被稱為「隨業趣智」(yathākammūpaga-ñāṇa)⑥。

天眼的最大效能可以照亮整個有情世間的全景，從最高層的眾天界到最底層的地獄等界，擴及上千個世界；也能揭露決定轉世過程的業力法則。只有無上的佛陀能完全掌握這種智，成就天眼的弟子們能覺知的有情宇宙範圍，遠遠超出我們最強力的望遠鏡。

天眼第一

佛陀稱阿那律尊者為「天眼第一」(AN 1; chap. 14)。有一次，當一群傑出比丘一起住在牛角娑羅樹林中，交換哪種比丘可以為森林添增光彩的看法時，阿那律的回答充滿特色，他說具有天眼者，能俯視一千個世界，就如人站在高塔上，能看見一千個農莊一樣(MN 32)。阿那律也幫助他自己的學生獲得天眼(SN 14:15)，在其偈頌中便頌揚這方面的能力：

> 專注五支禪，
> 平靜具一心，
> 我已得禪定，
> 吾天眼已淨。

> 立足五支禪，
> 知有情死生，
> 知彼等來去，
> 此世與來世。(Thag. 916-917)

修習四念處

阿那律心靈之道的另一個特色是努力修習四念處：

有比丘安住於身，循身觀察， 安住於受，隨觀感受， 安住於心，隨觀心識， 安住於法，隨觀諸法。熱誠、正知、正念，捨離對世間的貪欲與憂惱。❷

通達「大神通」

四念處的修法，有時候被當成一種快速到達覺悟的「乾」道，因為它跳過禪定與神通。⑦但從阿那律的話來看，它對於他及其座下接受訓練的人來說，這種禪修的方法可以被當作獲得心靈力量與神通的工具，且能達到涅槃果，這是很清楚的。

每一次當阿那律尊者被人們問到他如何能通達「大神通」(mahābhiññatā)，包括五種世間神通與第六的阿羅漢果時，他總是回答是透過增長與修習四念處(SN 47:28, 52:3, 6, 11)。他說透過這個修法，他能憶起過去一千劫，展現神通力，以及直接認知一千個世界(SN 52:11, 12, 6)。

獲得「聖神變」與斷除渴愛

阿那律還說，四念處幫助他獲得能完全掌握情緒反應的「聖神變」(ariyaiddhi)⑧，一個人可能因而將厭惡的事物視為不厭惡，將不厭惡的視為厭惡，以及以「平等心」⑨看待兩者(SN 52:1)。❸他甚至說，凡是忽略四念處者，即忽略到達苦滅的

聖道，而採行它者，即是採行到達苦滅的聖道，以此來強調這個修法的重要(SN 52:2)。

他也宣稱，四念處可以導致渴愛的斷除(SN 52:7)，就如恆河的水終將流入大海一般。同樣地，修習四念處的比丘，不會偏離出離的生活而重回世俗的生活(SN 52:8)。

有一次，阿那律生病時，他忍受痛苦的「平等心」令比丘們很驚訝。他們問他如何辦到，他回答自己的平靜都是源於修習四念處(SN 52:10)。

還有一次，舍利弗晚上來看阿那律，並問他現在經常修習何種法門，以致臉上總是散發喜悅與平靜。阿那律再次回答，他大部分的時間都在規律地修習四念處，並說這是阿羅漢生活與修行的方式。舍利弗因此對阿那律的話，表達他心中的喜悅(SN 52:9)。

擁有「如來十力」

有一次，當舍利弗與目犍連詢問阿那律，「有學」(sekha)❹之人與「無學」(asekha)⑩阿羅漢之間的差別時，他回答其差別在於修習四念處：前者只完成局部，後者則全部圓滿完成(SN 52:4-5)。

阿那律也宣稱透過修習正念，而擁有十種崇高的特質，別處稱之為「如來十力」(dasatathāgatabala；見MN 12)。它們是：

（一）知處非處智力；（二）知業報智力；（三）知遍趣行智力；（四）知一切界智力；（五）知種種解智力；（六）知根勝劣智力；（七）知靜慮、解脫、等持、等至智力；（八）知宿住隨念智力；（九）知死生智力；（十）知漏盡智力(SN 52:15-24)。⑪註釋書中說，阿那律擁有的這些智力只是局部，全部圓滿者只有正等正覺的佛陀。

原註

❶ 有關於後期文獻對天眼觀點的詳細敘述，請見Vism. 13.95-101。

❷ 四念處的完整修法解釋，請見DN 22與MN 10。關於傑出的現代解釋，請見向智尊者著，《佛教禪修心要》(*The Heart of Buddhist Meditation*)：London, Rider, 1962; BPS, 1992。

❸ 請參閱註❷，向智尊者之書，pp.181-82; p. 207; n. 45。

❹ 包括「入流者」（須陀洹）、「一來者」（斯陀含）與「不來者」（阿那含）。

譯註

① 四念處(satipaṭṭhāna)：意指「四種『念』的立足處」，「念」有專注於目標，守護六根門的功能。四種念處是身、受、心、法念處，修習四念處，能使眾生清淨、超越愁悲、滅除苦憂、體證涅槃。

② 光明遍或火遍：「遍」是指「全部」或「整體」。在《清淨道論》中，有列舉十遍處作為十種修定的業處，會稱之為「遍」，是因修習這十種業處時，必須將其似相擴大至十方無邊之處。修習光明遍者，可專注於月光或不搖曳的燈光，或照在地上的光。修習火遍者，可起一堆火，透過一張皮或布剪出的圓洞凝視那火，以及觀察它為「火、火」。修習這兩種業處，都能成就天眼。

③ 近行定(upacāra-samādhi)：指接近安止的定，相對於心完全專一狀態的安止定（即四色界定與四無色界定）而言，其禪支尚未強固，定心無法長時持續。

④ 生存地：三界眾生的生存地有惡趣地、欲界善趣地、色界地、無色界地等四種，共有三十一界。人界居於欲界善趣地之中，在其之上的生存地是指欲界天、色界地與無色界地；在其之下的生存地即指地獄、畜生、餓鬼、阿修羅等四惡趣地。

⑤ 六神通(chaḷabhiññā)：即天耳通、他心通、宿命通、天眼通、漏盡通。後三者在阿羅漢則稱為「三明」——宿命明（知眾生前生的往因）、天眼明（能見眾生的業色，知其來生的去處）、漏盡明（知斷盡一切煩惱）。

⑥ 隨業趣智(yathākammūpaga-ñāṇa)：禪修者以超人的清淨天眼，見諸有情死時、生時，知諸有情隨所造業，而會投生於善或惡的業趣之中。例如身、語、意皆造作惡行，就會墮於惡趣地獄；若造作善行，則生於善趣天界。

⑦ 「乾」(sukkha)意指無禪定之水滋潤。所有證悟道與果的禪修者，都因修習知見無常、苦、無我的智慧而成就。然而，諸道與果之間在定力的程度上有所差別，不以禪定為基礎而修習觀禪的禪修者，即名為「乾觀者」。

⑧ 聖神變(ariyaiddhi)：獲得漏盡明的聖者，對厭惡不悅的事物，以遍滿慈心或以作意為界（地、水、火、風），而作不厭惡想而住。對不厭惡喜悅的事物，以遍滿不淨或作意為無常，而作厭惡想而住。乃至於彼捨、念、正知而住。

⑨ 平等心：即捨心(upekhā)，指對一切所緣保持中立的態度，心在於平衡、無執著、平等的狀態。

⑩ 證得四種道與果前三種的聖者，稱為「有學」，共有七種，最初證得須陀洹道的聖者稱為「見道」的聖者，其後六種稱為「修道」的聖者。證得第四最高阿羅漢果的聖者，則稱為「無學」（已無可學的學盡者）。

⑪ 如來十力(dasatathāgatabala)：如來有此等十力，得無上中王之地位，於眾中作獅子吼、轉梵輪。十力是指：（一）知處非處智力：如來得先佛最勝處智，於大眾中能師子吼而吼。（二）知業報智力：如來如實知三世業報之異熟，其處與因。（三）知遍趣行智力：如來如實知導至一切處之道。（四）知一切界智力：如來如實知世間眾生種種諸界。（五）知種種解智力：如來如實知眾生種種意解。（六）知根勝劣智力：如來如實知眾生種種諸根差別。（七）知靜慮、解脫、等持、等至智力：如來如實知靜慮、解脫、等持、等至之雜染、清淨、出離。（八）知宿住隨念智力：如來如實憶念種種宿命。（九）知死生智力：如來以天眼淨，如實知眾生死（生）時、妙（惡）色，上（下）色、向於善（惡）趣，隨業法受。（十）知漏盡智力：如來漏盡、無漏、住心解脫、慧解脫，於無漏現法自達、自證、成就無上智。

第四章

僧團中的生活

從巴利藏經中可以看出，相對於舍利弗、目犍連、阿難等比丘，阿那律比較喜歡安靜獨處的生活，他不是個積極涉入僧團事務的人。因此，不像上述那些長老，他較少出現在和佛陀有關的傳法事件中。

偏好頭陀行

從他在《長老偈》的偈頌中也可看出，他和最具代表性的大迦葉尊者一樣，非常偏好頭陀行[①]：

托缽乞食回來時，
聖者無伴獨安居，
諸漏已盡阿那律，
尋找破布做僧衣。

聖者哲人阿那律，

諸漏已盡解脫者，
挑撿清洗與染色，
然後穿著糞掃衣②。

若人欲貪不知足，
喜好群聚易激動，
於彼心中已生起，
邪惡染污之特質。

但若正念且少欲，
知足並遠離紛擾，
喜好獨居與禪悅，
經常生起精進心，

於彼心中將出現，
趨入覺悟之善法，
此人乃是漏盡者，
此爲大聖所宣說。

五十五年吾遵行，
常坐不臥③之苦行。

已經歷二十五年，

睡眠從此已斷除。(Thag. 869-900, 904)

阿那律在這些偈頌裡提到三種頭陀行：托缽乞食、著糞掃
衣、常坐不臥，最後是不躺臥，而只在禪定坐姿中睡眠的發
願。在最後一首偈頌中，阿那律暗示他有二十五年完全沒有
睡覺，也許透過禪定的力量，就能完全恢復心力，所以無須
睡眠。但在註釋書中提到，在最後一段歲月中，阿那律允許
自己有段短暫的睡眠，以消除身體的疲勞。

與善知識討論佛法

雖然阿那律尊者喜歡獨居甚於群聚，但他也並非完全的隱
士。佛陀在某部經中說到，阿那律有許多弟子，他訓練他們
修習天眼(SN 14:15)。註釋書說他遊方行腳時，隨行弟子有五
百名——也許數字有些誇大。

他也和其他比丘以及在家善知識一起討論佛法，很幸運地，
巴利藏經為我們保存了其中幾次談話。例如有一次，舍衛國
的宮廷木匠五支(Pañcakaṅga)邀請阿那律與一些比丘吃飯。從
其他經典我們知道，五支精通佛法並且致力於修行，因此，
在飯後他問了阿那律一個比較深入的問題。他說有比丘建議

他修習「無量心解脫」(appamāṇā cetovimutti)，另外有人建議「廣大心解脫」(mahaggatā cetomimutti)，他想知道兩者是否相同。

阿那律回答這兩種禪法不同，「無量心解脫」是修習四梵住(brahmavihāra)④——無量慈、悲、喜、捨。但「廣大心解脫」則是拓展內心的認知，從有限的範圍進到浩瀚無涯的範圍；它是藉由擴展遍處(kasiṇa)的似相(paṭibhāga-nimtta)⑤達成，即從專注於地、水、色盤等有限的表面範圍生起。

與天人談話

阿那律接著說，有種天人名為「光音天」(ābhassara deva)❶，他們雖然隸屬於同一個天界，但彼此之間的光並不相同，根據他們轉生到那個世界的不同禪定特質，所散發的光可能是有限的或無量的，純淨的或有染的。

當有比丘問到時，阿那律證實他所說的這些天人是出自自己的經驗，因為他曾出現在他們之間，並和他們談話(MN 127)。

佛陀的讚歎

另一次，佛陀露地而坐，正對圍繞身邊的許多比丘開示。然後他轉向阿那律，詢問他們是否滿足於苦行的生活。當阿那律證實這點時，佛陀稱讚這種知足，並說：

> 那些年輕時便出家，在生命的黃金時期成為比丘者，他們並非因怕被國王懲罰，或因怕失去財產、躲債、憂慮或貧窮而如此做。他們過苦行生活，是出於對佛法的信心，以及受到解脫目標的激勵。這種人應該如何做？如果他尚未獲得禪定的平靜與喜悅，或更高的境界，那麼他應努力去除五蓋與其他煩惱，如此才能獲得禪悅，或更高的平靜。

在結束開示時，佛陀說之所以會宣布已去世弟子們的成就與未來命運，是為了激勵其他人效法他們。世尊的這些話，讓阿那律感到非常知足與喜悅(MN 68)。

獲得梵天與夜叉的敬佩

有次某個梵天⑥心想，沒有沙門⑦可能進入梵界。當佛陀洞見那天神的心思時，便在一片強光中出現在他面前。那時大

目犍連、大迦葉、大劫賓那(Mahākappina)與阿那律等四大弟子，心想世尊可能身在何處，便以天眼看見世尊正身處梵界。於是以神通力到達天界，恭敬地坐在佛陀身旁。那天神看見這情景，遂收起慢心，承認佛陀與其弟子們的殊勝力量(SN 6:5)。

另一次，阿那律尊者半夜醒來，念誦法偈直到黎明。有個女夜叉和其幼子恭敬地聆聽，她告訴兒子要保持安靜：「也許，如果我們了解這些聖語並依之生活，它將會為我們帶來福報，讓我們得以不再轉生於低下的夜叉世界中。」(SN 10:6)

佛陀為阿那律辯護

當憍賞彌的兩群比丘發生爭吵之時，阿難尊者去見佛陀，佛陀問他爭吵是否已平息，阿難說仍在繼續，阿那律的某個弟子堅持破壞僧團和合，而阿那律並未責備他。此事發生在阿那律和難提、金毗羅一起去牛角娑羅樹林，全心投入嚴格禪修時，阿難暗示，這都是阿那律隱居的錯，他放任弟子製造紛爭。

然而，佛陀卻為阿那律辯護。他說對阿那律而言，無須事必躬親地去擔心這些事，其他比丘如舍利弗、目犍連與阿難，

都很有能力解決紛爭。此外,他補充說,有些頑劣的比丘樂於看到別人爭吵,因為這會轉移別人對其惡行的注意,這樣他們就不會被驅離(AN 4:241)。

例如,有兩位自負的比丘試圖比較彼此的所學。其中一人是阿難的弟子,他鉅細靡遺地關心僧團的一切事務;另一人則是阿那律的弟子,如前述較偏向出離的態度。雖然指導老師不同,但這兩位愛好虛榮的比丘只是根據自己的性格在表現(SN 16:6)。

阿那律的友誼

關於阿那律的友誼,最有名的例子是出自《牛角林小經》(Cūḷagosiṅga Sutta, MN 31)。有一次,阿那律和難提與金毗羅住在牛角娑羅樹林中,佛陀來探望他們。在他們禮敬大師之後,佛陀問阿那律是否與同修和諧共住。阿那律回答:「當然,世尊!我們相處和諧,相互欣賞,沒有爭吵,如水乳交融,體諒彼此。」

於是佛陀問他們如何維持這種完美的和諧。在最難處理的人際關係藝術中,阿那律的回答是完美的一課:

　　我能如此做,是藉由思惟:「能與如此的梵行道侶共住,

眞是幸福與幸運！」在身、語、意上，我對同修都保持慈心，並思惟：「讓我拋開自己想做的事，而去做這些尊者想做的事。」如此一來，雖然我們的身體不同，但心卻是一致的。

在佛陀認可後，接著就問他們是否有達到「任何超凡境界，任何堪為聖者的智、見特質。」阿那律回答，他們都已達到四色界定、四無色界定與滅受想定，甚至都已達到阿羅漢果，諸漏已盡。

佛陀離開後，其他兩位比丘詢問阿那律，他們從未說過自己的禪定成就，他怎麼會如此肯定地斷言。阿那律回答，雖然他們從未說過已達到這些境界，「藉由我的心，能悉知你們的心，我知道你們已達到這些境界與成就，且諸天神也曾對我說過此事。」

在此同時，鬼藥叉提迦(Dīgha Parajana)來找佛陀，讚歎阿那律、難提與金毗羅三位比丘⑧。佛陀對鬼藥叉提迦的話先表達讚許，然後自己也說了一段特別的讚頌：

確實如此，提迦，確實如此！若有來自這三個年輕人出家前的族姓者，以信心記得他們，將會為那個族人帶來久遠的利益與快樂。若有來自該村……該鎮……該城……該國

者，能以信心記得他們，將會為那國帶來久遠的利益與快樂。若一切剎帝利（貴族）……一切婆羅門……一切吠舍（商人）……一切首陀羅（奴隸）記得他們；若世間的一切天眾、魔眾與大梵，這一代的沙門、婆羅門，王子與人民，能以信心記得這三個年輕人，將能為全世界帶來久遠的利益與快樂。瞧！長魔，那三個年輕人如何出於對世間的慈悲，為了眾生的福祉，以及人、天的利益與快樂，而在精進修行。

原註

❶ 光音天 (ābhassara deva)，他們的領域是在色界內，對應於第二禪。（譯按：光音天都是口中發出淨光來溝通，不用話語，沒有聲音，他們也能以光教化他人，故稱「光音」。佛經說劫初的人類，即由光音天而來。）

譯註

① 頭陀行：「頭陀」(Dhuta)意指「去除」，比丘因受持頭陀行而能去除煩惱，這是佛陀所允許超過戒律標準的苦行。《清淨道論》列舉有十三支：糞掃衣、三衣、常乞食、次第乞食、一座食、一缽食、時後不食、阿蘭若住、樹下住、露地住、塚間住、隨處住與常坐不臥。這些苦行有助於比丘開發知足、出離與精進心。
② 糞掃衣 (paṃsukūla)：即「塵堆衣」，十三頭陀支之一。「糞掃」意指置於道路、墓塚、垃圾堆等塵土之上的，或指被視如塵土可厭的狀態。比丘受持糞掃衣，可捨棄對多餘之衣的貪著，而能少欲知足。
③ 常坐不臥：十三頭陀支之一。受持此法者，於夜的三時（初夜、中夜、後夜）之中，當有一時起來經行。於行、住、坐、臥四威儀中，只不宜接受床席而臥。修此法可捨離橫臥睡眠之樂，增長正行。

④ 四梵住 (brahmavihāra)：即慈、悲、喜、捨四無量。因為梵天界諸天的心常安住在這四種境界，所以稱為「梵住」。又因為在禪修時必須將之遍及十方一切無量眾生，所以也稱為「無量」。慈梵住是希望一切眾生快樂；悲梵住是希望拔除一切眾生的痛苦；喜梵住是隨喜他人的成就；捨梵住是無厭惡而平等地對待他人的心境。

⑤ 似相 (paṭibhāga-nimtta)：三種禪相（遍作相、取相、似相）之一，禪相即禪修時內心專注的目標。禪修者觀察地遍圓盤等時，該目標即為「遍作相」。在觀察遍作相後，心中生起與肉眼所見相同的影像，即為「取相」。專注於取相時，與之類似、更為純淨的一種概念──「似相」就會生起。似相只出現在遍處、三十二身分與安般念等修法，通過似相而生起近行定與安止定。

⑥ 梵天：因持續穩定的禪定力而轉生梵天界的眾生。梵天界有二十層天，十六層是色界天（色梵天）；四層是無色界天（無色梵天）。在那裡的眾生稱為「梵天」或「梵天人」。

⑦ 沙門：意譯為「息惡」、「息心」，即指出家求道者。

⑧ 鬼藥叉提迦向世尊說：「世尊！實踐耆人榮幸也，跋耆族是幸福。此處有住世尊、應供、等正覺者，及此等三善男子，即尊者阿菟樓馱、尊者難提、尊者金毗羅。」

第五章

阿那律與女人

在阿那律出現的經典中,和女人有關的部分多到不尋常。看來雖然他內心純淨,且已完全遠離愛欲,但天生高貴的武士氣質所散發出的個人魅力,使他很受女人的歡迎,不只在人間,即使在天界也是如此。其中有些遭遇無疑地是源於前世的業緣,雖然他已超越它們,但女人們仍深受影響。

女天神闍利仁勸誘復合

例如有一次,阿那律在森林中獨住,女天神闍利仁(Jālinī)從三十三天①下來,出現在他面前(SN 9:6),她是阿那律在前世,身為統理三十三天的帝釋天王時的妻子與皇后。出於貪著,她渴望和他復合,恢復天界國王與皇后的關係,她因這動機而勸他發願轉生到三十三天:

> 引導汝心至彼界,
>
> 以往居住之處所,

置身三十三天中，
具足感官諸欲樂。
汝將受禮遇尊崇，
身邊環繞天女眾。

但阿那律回答：

天女實痛苦，
執著於自我，
猶愛天女者，
彼等亦痛苦。

闍利仁不了解這些話，她接著向他描述天界的輝煌，試圖以
此誘惑他：

未見歡喜園(Nandana)②，
三十三天王的
諸天住處者，
彼不識快樂。

然而，阿那律依然保持堅定的決心，那是源自於他對諸行無

常的深刻洞見：

愚者汝不知，
阿羅漢箴言？
一切行無常，
終歸於生滅，
有生即有滅，
寂滅斯爲樂。

闍利仁諦聽！
我已不再住
諸天界之中；
輪迴已止息，
不再受後有。

可意眾天的感官歡娛

還有一次，許多名爲「可意眾天」(manāpakāyikā devatā)的天
女出現在阿那律面前，述說她們能做的一切非凡之事。例
如，能瞬間變換想要的顏色，隨意發出各種聲音與音響，並
立即得到任何歡樂。

為了測試她們，阿那律心中希望她們變成藍色，果然她們能讀到他的心思，全都變成藍色，穿著藍衣、佩戴藍飾。無論他希望她們變成何種顏色，她們都能照做——黃色、紅色、白色，配合衣服與飾品。

天女們以為阿那律喜歡她們的表現，於是開始表演非常曼妙的歌舞。但阿那律卻關起感官之門，不理睬她們。當她們注意到阿那律並未從表演中得到任何快樂時，就立刻離開了(AN 8:46)。

若我們記得阿那律是如何以王子身分度過年少時期，就不難想像這場景會如何喚起他的回憶。若他未實踐佛陀的解脫道，就很可能會再次轉生到這些比三十三天層次還高的天女之中。

女人轉生成可意天女的特質

阿那律一定認為這經驗值得一談，因此當晚上遇見佛陀時，便向佛陀轉述此事。然後他問：「一個女人要轉生到那些可意天女的天界必須具備什麼條件呢？」求知欲使他很想知道這些天女的道德層次。

佛陀很樂意地回答，要轉生到那種天界必須具備八種特質：

（一）妻子必須親切與同情地對待丈夫；

（二）她應謙虛有禮地對待丈夫所敬愛的人，例如其父母與
　　　某些沙門、婆羅門；

（三）她應仔細、勤奮地做家事；

（四）她應以果斷的態度照顧、指導僕人與家裡的工人；

（五）她應妥善保管丈夫的財產，不應浪費；

（六）身為在家信徒，她應皈依三寶；

（七）她應持守五戒❶；

（八）她應樂於與有需要的人分享，布施他們，並表示關
　　　心。(AN 8:46)

女人轉生到地獄的惡法

這是天女出現在阿那律面前的兩個例子，其他時候則是阿那
律以天眼觀察女人如何轉生到天界或地獄。

有次他問佛陀，導致女人轉生到地獄的特質是什麼，大師回
答造成這種墮落的有五種大惡——不信、無慚、無愧、瞋恨
與愚痴。此外，懷恨、嫉妒、貪欲、怠惰與失念等，也會導
致轉生地獄。只有具備相反特質者，才會轉生天界(SN 37:5-
24)。

另一次阿那律對佛陀說，他經常看見女人如何在死後轉生惡
道，甚至墮入地獄。佛陀回答，有三種惡法會導致女人墮入

海奧華預言
第九級星球的九日旅程
奇幻不思議的真實見聞

作者／米歇‧戴斯馬克特（Michel Desmarquet）
譯者／張嘉怡　審校／Samuel Chong
定價400元

★ 長踞博客來暢銷榜、入選2020最強百大書籍
★ 榮登誠品人文科學類排行榜第一名
★ 知名Youtuber「老高與小茉」「曉涵哥來了」「馬臉姐」談書解密

疫情當前，我們可以為「母星地球」做些什麼？
滿足物質生活之外，靈性的提升是否才是關鍵？

一道神秘的天外之光，即將引領世人朝向心靈醒覺！
內容看似令人驚歎的科幻小說，卻是如假包換的真實見聞——作者米歇
受到外星人「濤」的神秘邀請、去到金色星球「海奧華」，並將其見聞
如實記錄成書、廣為流傳，讓讀者對「生命」、「靈性發展」及「科技
文明」之間的關係有更深度省思。

地獄：如果她在早上充滿貪欲，在中午充滿嫉妒，在晚上充滿性欲(AN 3:127)。

本生故事中與女人的關係

阿那律過去世的記載，也指出他與女人的關係，其中只有一次提到他轉生為畜生。有一次，他轉生為野鴿，牠的配偶被老鷹捉住。受到情欲與悲傷的折磨，牠決定禁食，直到克服對她的愛欲與分離的悲傷為止：

> 往昔吾曾愛母鴿，
>
> 於此翱翔與嬉戲，
>
> 之後她被鷹捉走，
>
> 硬被拆散兩分離。
>
> 自從分開離散後，
>
> 心中常感覺痛苦，
>
> 因此我守戒持齋，
>
> 從此遠離愛欲道。(Jāt. 490)

其他轉世故事則述說如下：有次阿那律出生為國王，在森林

裡看見一位美麗的仙女並愛上她，為了佔有她而射殺其夫。
她充滿悲痛，哭喊並指責國王的殘酷，聽到她的指控，國王
才醒悟並離開。阿那律就是當時那嫉妒的國王，耶輸陀羅是
仙女，她的丈夫則是菩薩，如今他是阿那律的導師，在那個
過去世，幾乎因國王的愛欲而被殺死(Jāt. 485)。

在一次帝釋天王的轉世中，他曾幫助菩薩恢復名聲，菩薩當
時是著名的樂師瞿提羅(Guttila)。在某次考驗中，他三次出現
在人間，三百位天女隨著瞿提羅的琴聲翩翩起舞。之後在天
女們的要求下，帝釋邀請瞿提羅去天界，因為她們想聽他的
音樂。

演奏完後，他問她們是因何種善行而來到這天界。她們說從
前曾布施小東西給比丘們，聆聽開示，和其他人分享所擁有
的東西，且無瞋心與慢心。聽完這番話，菩薩對受邀訪問帝
釋天宮所得到的利益感到歡喜(Jāt. 243)。

幫助姐妹進入佛法之門

在最後一世中，他幫助姐妹盧希妮進入佛法之門。有一次，
他和五百位弟子回到故鄉迦毗羅衛城。當親屬們聽到他抵達
時，除了盧希妮之外的所有人，都前往寺院向他禮敬。長老
詢問為何盧希妮沒來，他們說她因為皮膚發疹，羞於見人。

長老要求將她立即送來。

臉上蒙著一塊布的盧希妮來了之後，長老指導她贊助興建一間會堂。於是盧希妮變賣珠寶，以籌措所需的經費。阿那律監督各項工作，並由釋迦族年輕人負責工程，當會堂完工時，她皮膚的疹子也消退了。於是她邀請佛陀與比丘們來參加會堂的啟用典禮。

在開示中，佛陀解釋她皮膚疾病的業因。在某次的前世中，盧希妮是波羅奈(Benares)國王的妻子，因為嫉妒國王的一位舞女，為了折磨她，便將乾痂皮撒在她的身上與床上。她此世罹患的皮膚病，就是那次惡行的果報。佛陀開示結束後，盧希妮便證得入流果。她死後，轉生三十三天，成為帝釋鍾愛的配偶。❷

與女人同宿的過失

在阿那律的比丘生活中，曾有一件事導致佛陀制定戒律。有一次，阿那律從拘薩羅國遊行至舍衛國，晚上抵達某村，但找不到收容遊方沙門與比丘的特別住處。他去村莊旅店求宿，旅店接受了他，此時更多旅客陸續抵達旅店過夜，阿那律住宿的房間變得很擁擠。

旅店女主人瞧見這情形，便告訴阿那律可為他準備內房的床

位，他就可以在那裡平靜地過夜，阿那律默然同意。然而，女主人是因為已愛上他，所以才如此提議。她身灑香水，佩戴珠寶，去找阿那律，說：「尊者！您容貌俊秀、高貴優雅，而我也是如此。如果尊者肯娶我為妻，豈不甚好？」

但阿那律沈默不語，旅店女主人將所有的財富都獻給他，他仍保持沈默。然後她脫下上衣，在阿那律面前跳舞，但他收攝六根，相應不理。她知道無法誘惑他，不禁大叫：「真令人驚訝，尊者，真不尋常！多少男人千方百計地要討好我，而我親自開口追求的這沙門，竟對我與我的財富毫不動心。」

然後這女人穿回上衣，匍匐在阿那律腳下，請求他原諒自己的無禮。這時他才首次開口，原諒她並告誡她未來要注意自己的行為，之後她就離開了。隔天早上她為他送來早餐，好像什麼事都從未發生。於是阿那律為之開示佛法，她深受感動，後來成為佛陀的虔誠信徒。

接著阿那律又繼續旅程，當抵達位於舍衛城的寺院時，他告訴比丘們這段經歷。佛陀召喚他，並責備他待在女人住處過夜，於是制戒禁止這樣的行為(Pācittiya 6)。③

這故事充分顯示阿那律尊者的自制，如何讓他免於成為愛欲的奴隸。他剛毅的性格讓那女人印象深刻，使她懺悔，聽他開示，並皈依佛陀。因此阿那律的自制，不只對自己有益，同時也為那女人帶來利益。但佛陀後來斥責他，是因在這種

情況下，心智怯弱者可能早就屈服於誘惑之下了。

因此，佛陀才會出於對他們的慈悲而制定戒律，規範比丘不應將自己暴露於這種危險的情況。我們經常可以看到，佛陀想要防止心智怯弱者高估自己的力量，去模倣超出能力之外的理想。

這個故事和克萊弗的聖伯納德(St. Bernard of Clairvaux)④的經歷有異曲同工之妙，他的意志力類似於阿那律。有一天，當年輕的修道士伯納德投宿旅店時，因為其他房間都已客滿，所以他被分配到大眾房的床位。旅店主人的女兒愛上這位英俊的年輕西篤會(Cistercian)⑤修道士，入夜之後便來找他。

然而，他卻轉身面壁，披上斗篷，對她說：「如果妳要找地方睡覺，還有足夠的空間！」這種對她全然不感興趣的態度，令她頓時清醒，趕緊羞愧地離開。聖伯納德和阿那律一樣，克服了那個難關，並非透過爭吵，而是單純透過自己的清淨力量。

原註

❶ 五戒是在家佛教徒的戒律基礎：不殺生、不偷盜、不邪淫、不妄語與不飲酒。

❷ 出處：Dhp. Comy.（針對第221頌）；見BL, 3:95-97。

譯註

① 三十三天：傳說古時有三十三位為他人福祉而奉獻生命的善男子，死後投生於天界，成為該界的大王（帝釋天王）與三十二小王，所以稱該界為「三十三天」。

② 歡喜園為三十三天的園林。

③ 波逸提第六條規定：「若有比丘，與女人同宿，波逸提。」「波逸提」意指懺悔，犯此戒的比丘須向一位比丘報告，並對所做進行懺悔，才能除罪。

④ 克萊弗的聖伯納德（Bernard of Clairvaux，1090-1153）：中世紀神秘主義者，也是當時基督教精神的象徵。二十二歲加入西篤隱修院修道，受委創立克萊弗（Clairvaux）隱修院，並擔任院長，致力於內省及宗教真理的體驗，律己甚嚴，品行崇高，熟悉聖經，愛心熱切，並指責罪惡，被視為「歐洲的良心」。

⑤ 西篤會（Cistercian）：是中世紀最出名的苦修團體，其著重先知精神多於權力，強調勞力多於學術，認為工作就是禱告，故成為農業發展的先驅者。在十二世紀末，即有530所西篤會修道院，之後一百年內又有150所成立。最有名的修道士即克萊弗的聖伯納德，他是中世紀神秘主義的代表者。

第六章

阿那律的前世

發願獲得天眼

阿那律尊者和其他許多傑出弟子一樣，也是在過去十萬劫前，蓮華上(Padumuttara)佛的教化時期，發願要成為大弟子。❶

那時他是個富有的在家居士，當看見佛陀指稱一位比丘為「天眼第一」者時，便發願要效法他，在豐盛地供養世尊與僧團後，獲得世尊授記。在蓮華上佛般涅槃後，他便去詢問比丘們獲得天眼的前行。他們告訴他供養油燈最合適，因此他就在佛陀舍利塔前供養了幾千盞油燈。

接下來的迦葉佛時期，他在迦葉佛般涅槃後，以裝滿酥油的缽擺滿佛陀舍利塔的四周，並點亮它們；自己則頭上頂著油燈，徹夜繞塔。

《譬喻經》(*Apadāna*)提到一個類似的故事，發生在之前須彌陀(Sumedha)佛的時期。阿那律看見此佛獨自在樹下坐禪，便在他身邊擺滿油燈，並接連添了七天的油。以這樣的業報，

他轉生成為天王三十劫,與人王二十八次,視力能看到周遭一由旬(yojana,約六十英哩)的距離(Ap.i, 3:4, vv. 421-433)。

供養辟支佛而獲得福報

在阿那律前世之中最長的一個故事,發生於兩佛出世之間的時期,當時他轉生於波羅奈一個貧窮的家庭,❷名為安那婆羅(Annabhāra,食物搬運者),為富商須摩那(Sumana)工作維生。有一天,辟支佛婆利吒(Upariṭṭha)從滅盡定出定,入城中乞食。安那婆羅看見他,便請他到家中應供,將自己與妻子的食物布施給他。

富商須摩那得知這名夥計高貴的行為之後,想向他買功德,但安那婆羅無論如何也不肯賣。須摩那向他施壓,他便去問那位辟支佛,婆利吒告訴他,功德只能藉由邀請須摩那隨喜供養而分享。他解釋這就如一個火焰不會因點燃其他油燈而減損,因此,當其他人受邀隨喜行善時,功德只會增加不會減少。

須摩那為了酬謝這個機會,賜給安那婆羅一筆豐厚的報償,並帶他去見國王。國王聽完報告之後,也給他一筆獎金,並為他蓋新家。在那個地點,工人每回挖地要開始蓋房子時,都會挖出數鐔寶藏。這些都是安那婆羅供養辟支佛的有形福

報，因此他被任命為國王的庫藏官。據說，由於供養辟支佛的善業，阿那律年少時未曾聽過「沒有」一詞。

在阿那律尊者證得阿羅漢果後，有一天心想：「我的老朋友商人須摩那轉生到哪裡了呢？」然後以天眼看見他是個七歲小孩——小須摩那(Culla Sumana)，住在不遠的城鎮。阿那律到那裡去，在小須摩那家的護持下，度過三個月的雨季。在雨季之後，他為小須摩那剃度，這男孩便在剃髮時證得阿羅漢果。❸

本生故事中的阿那律

在《長老偈》的偈頌中，阿那律談到他自己：

> 吾善知往昔住處，
> 從前生活之地方。
> 曾居三十三天中
> 身為帝釋天王尊。
>
> 七世吾曾為人王，
> 君臨天下掌權力，
> 閻浮林(Jambusaṇḍa)主征服者，

統治完整之大陸。

非以暴力與武器，

吾以佛法行治理。

從此七世再七世，

如是輪迴十四世，

憶念宿命前住處：

之後住於天界中。(Thag. 913-915)

在本生故事中，有不下二十三件事提到阿那律的前世。在多
數例子中，他是帝釋天王(Jāt. 194, 243, 347, 429, 430, 480,
494, 499, 537, 540, 541, 545, 547)。有一次，他是帝釋的使
者，一個名為五頂(pañcasikha)的天界樂師。在提到的七次人
世中，他大都是沙門(Jāt. 423, 488, 509, 522)，兩次是菩薩的
兄弟。在其他三次人間的轉世中，他分別是國王(Jāt. 485)、
宮廷教士(Jāt. 515)，與宮廷御者(Jāt. 276)。只有一次是轉生為
畜生，即前述的野鴿(Jāt. 490)。總結上述，本生故事記載他
十五世為天神，七世為人，一世為畜生。

轉生為帝釋天王

他經常生為國王、天神或人的事實，顯示出他天性中的力

量。但他和好色的宙斯(Zeus)很不一樣，也和經常嚴懲人類的耶和華(Jehovah)不同。身為三十三天的帝釋天王，他總是保護與幫助別人。當菩薩需要協助時，他便前來援助，當菩薩遭到毀謗時，保護他免受處決。在那次情況中，菩薩的妻子高聲向上天抗議不公，帝釋（未來的阿那律），被她激昂的熱情所感動，遂出手拯救菩薩(Jāt. 194)。

另一次，菩薩身為國王，禁止王國之內以動物獻祭。一個嗜血的惡魔痛恨此事，想要殺死國王，但帝釋出現，再次保護了菩薩(Jāt. 347)。

還有一次，帝釋想要測試菩薩，以加強他的戒行。因此在最後一個本生故事《毗輸安呾羅王子本生經》(*Vessantara Jātaka*)中，帝釋偽裝成一個老婆羅門，向菩薩索求其妻，以測試他的喜捨心(Jāt. 547)。

另一次，帝釋也想測試菩薩的布施誓願是否堅定，而向他要求眼睛(Jāt. 499)。

當菩薩在過沙門生活時，帝釋想要測試他的忍辱心，因此責備他身形醜陋。菩薩告訴他，是醜陋的行為使他如此醜陋，而他如今正在努力地讚歎善行與梵行。然後帝釋答應他一個願望，菩薩要求解脫敵意、仇恨、貪欲與愛欲，且進一步希望永不傷害任何人。帝釋解釋他沒有能力答應，這一切必須靠菩薩自己精進持戒修行(Jāt. 440)。此外，帝釋也考驗菩薩

的簡樸(Jāt. 429, 430)。

在第三組事件之中，帝釋（未來的阿那律）邀請菩薩去他的天國，並向其顯示天界與地獄界的祕密。此事是前述樂師瞿提羅的故事中所說(Jāt. 243)。在尼彌(Nimi, Jāt. 541)王與仁王薩提那(Sadhīna, Jāt. 494)的故事中，帝釋也曾邀請他們去他的天國。

轉生為人

在他生為人的本生故事中，有兩件很有啟發意義的插曲。有一世，阿那律是個宮廷婆羅門與老師，國王問他一個統治者如何兼顧義與利。婆羅門並無知識的傲慢，承認自己無法回答。相反地，他積極尋找知道答案的人，之後他找到菩薩(Jāt. 515)。

當他是個宮廷的御者時，有次想避開一場暴雨，為了催促馬匹就鞭打牠們。從那時起，每次馬兒來到那地方，就會開始狂奔，好像覺知將有大禍臨頭一樣。看見這情形，他深感後悔，因為他驚嚇與傷害了那些高貴的駿馬，且承認如此做，並未完全遵守傳統拘樓國(Kuru)①的美德(Jāt. 276)。

這些多采多姿的故事都有個共同的特色，它們顯示出阿那律的幾個特質：他積極主動地追求美德；他性格的力量；以及對其他人福祉的關心。這些也顯示出他的禪修技巧與對神通

的掌握，都源於多世生為帝釋天王時的經驗。

原註

❶ 出處：Dhp. Comy.（針對第382頌）與《增支部・是第一品註》。見BL, 3:264。

❷ 同上註。這裡的摘要是引自《增支部・是第一品註》，這個版本在細節上和Dhp. Comy.不同。見BL, 3:264-67。

❸ 出處：Dhp. Comy.（針對第382頌）；見BL, 3:269-70。

譯註

① 拘樓國（Kuru）：根據近代學者的考證，拘樓國即今印度首都新德里。註釋書中說拘樓國是個非常殊勝的地方，臨近喜馬拉雅山，氣候宜人，居民豐衣足食，且歡喜布施，精進於修行。

第七章

佛陀般涅槃前後

佛陀入滅時，阿那律尊者在場，此事記載於《大般涅槃經》
(*Mahāparinibbāna Sutta*, DN 16; SN 6:15)，他在處理頓失依怙
的僧團事務中，扮演了重要的角色。

親見佛陀般涅槃

當大師知道自己即將入滅時，他依序進入完整的禪定，最後
達到滅盡定①。那時，阿難對阿那律說：「尊者！世尊已般
涅槃。」但具有天眼的阿羅漢阿那律，能識別佛陀進入的是
何種禪定，因此糾正這位較年輕的比丘：「不是這樣，阿難
吾友！世尊尚未般涅槃，他是在滅盡定中。」

之後，佛陀從滅盡定中出定，將心反向依序導出各層次的禪
定，直到初禪，然後再從初禪依序進入第四禪，在第四禪中
進入無餘涅槃②。

當佛陀完全入滅時，大梵天③與三十三天的帝釋天王，都以
宣說無常法的偈頌來禮敬佛陀④。第三位說話的是阿那律，

他的偈頌是：

> 淨滅諸貪欲，
> 心安救濟者，
> 得證般涅槃，
> 牟尼寂滅時。

> 決定心不動，
> 善忍諸痛苦，
> 猶如燈火滅，
> 心解脫亦然。

勸誡大眾不要悲傷

許多隨侍在側的比丘們，都對大師之死感到悲傷與哭泣，但
阿那律則以無常的提示來勸誡他們：「請停止吧，朋友們！
不要悲傷，不要哭泣！難道世尊不曾說過，一切所親與所愛
的事物，一定都會變化、分開與離散嗎？一切都會成、住、
異、滅，怎麼可能說：『希望它不會消散！』」
他還告訴比丘們，天神們也在哭泣：「有些存有世俗之心的
天神，頭髮凌亂地在哭泣，或高舉雙手在哭泣；他們哭倒在

地上，來回滾動並悲歎：『世尊太早般涅槃了！無上士太早般涅槃了！世間之眼太早從我們的眼前消失了！』」但他也說，那些已離欲的天神，則保持正念、正知，只是思惟：「諸行無常，豈有例外？」

處理佛陀的葬禮事宜

阿那律與阿難徹夜守候在大師身旁。到了早上，阿那律請阿難向鄰村拘尸那羅的施主們宣佈世尊入滅的消息。他們立即聚集並準備葬禮的火堆，然而當八位壯漢試圖將遺體抬到火堆上，卻如何也抬不起來。於是他們去問阿那律尊者，為什麼無法搬動遺體。

阿那律告訴他們，是因為天神們想要一個不一樣的葬禮，並解釋他們的意圖，結果一切正如這些天神所願。⑤

關於荼毘的過程，居士們則轉而去尋求阿難尊者的建議。由此可看出，這兩位同父異母的兄弟各有所長：阿那律精通另一世界的事情，而阿難則善於處理實際的事務。

參與第一次教法結集

在佛陀涅槃後，僧團的指導工作並未落在他的近親，如阿羅

漢阿那律的身上。佛陀並未提名任何正式的繼承人，但比丘
與居士們都自然地將尊敬的焦點放在大迦葉尊者身上。他召
集五百位阿羅漢比丘，對佛陀的教法進行了第一次結集。

在會議召開之前，阿難尊者尚未證得阿羅漢果，這將使得他
無法參與結集。以阿那律為首的長老比丘們，因此勸他下定
決心，努力斷除最後的煩惱，證入究竟解脫。阿難在很短的
時間內就獲得成就，故能在會議中以阿羅漢的身分加入其他
長老。在這次集會中，他誦出許多教法，畢竟他在所有比丘
中是「多聞第一」者。

以這樣的方式，阿那律幫助同父異母的弟弟達到解脫的目
標，不只對僧團有益，且對於一切追求解脫之道者都有益。
此事即使到了今日，對我們來說，依然是一大福音。根據
《長部》的註釋，阿那律自己在結集中被委以保存《增支
部》的重任。

阿那律之死

關於阿那律之死，除了《長老偈》中，他二十首偈頌的最後
一首安詳偈頌之外，我們一無所知：

於跋耆國衛魯(Veḷuva)村，

茂密竹林叢之下，

壽命之力已竭盡，

吾將漏盡般涅槃。 (Thag. 919)

譯註

① 滅盡定：或譯為「滅受想定」。在此定中，心與心所之流完全暫時中止，是只有已
　獲得一切色定、無色定的不還者與阿羅漢，才能獲得的定。

② 有二種涅槃界──有餘涅槃界與無餘涅槃界。有餘涅槃界是指比丘斷除五下分結，
　即入般涅槃，不還來此世。無餘涅槃界是指比丘一切漏盡，智慧解脫，生死已盡，
　梵行已立，更不受後有。

③ 大梵：即一切世界主，是色界初禪天（大梵天、梵輔天、梵眾天）的第三天，也是
　初禪天之王，其壽量有一大劫半。

④ 大梵天所說的偈頌是：「一切諸有情，皆捨世諸蘊；大力正覺者，如來般涅槃。」
　帝釋天王的偈頌是：「諸行無常，是生滅法；生滅滅已，寂滅為樂。」

⑤ 拘尸那羅的人想「以舞蹈、歌唱、奏樂、香、花鬘，恭敬、供養世尊之舍利已，向
　南方，擡至城南，向城外，擡至城外之南方，舉行世尊舍利之荼毗。」而諸天則想
　「以天之舞蹈、歌唱、奏樂、香、花鬘，恭敬、供養世尊之舍利已，向北方，擡至
　城北，由北門入城市，而擡至城市之中央，再由東門進東方名為天冠寺末羅族廟，
　於其處荼毗世尊之舍利。」

論議第一

摩訶迦旃延

菩提比丘／撰

第一章

前言

做為一個精通善巧方便的老師，佛陀採取不同的開示風格向弟子們傳法。

佛陀廣說與略說的弘法方式

通常他會以「廣說」的方式解釋教法，在以簡述或總說的方式介紹主題後，他會詳細解說，分析、闡釋其中的涵意，有時再附加一個譬喻來加強論點。最後，他會重述引言作為結論，它如今已有前面的完整分析作為支持。

不過在其他場合，佛陀不會詳細教導，相反地會略說法義，只以簡短的甚至有時是隱密的陳述，說明深奧而高度集中的意義。

佛陀這麼做並非為了隱瞞祕密訊息，而是因為在震撼與轉化聽者上，有時使用這技巧的確比廣說的方式更為有效。雖然直接解釋意義能更有效地傳達訊息，但是教法的目的並非為了傳遞資訊，而是為了讓人趨入「觀」──更高的智慧與解

脫。藉由要求弟子思惟意義，以及藉由持續探究與相互討論，來了解其中的涵意，佛陀要確保其說法能達到此目的。

當這些簡短的教法使得大多數比丘摸不著頭緒時，只有那些具有敏銳智慧的弟子，才能揣摩出其中的意義。在這種情況下，一般比丘不願去麻煩大師請求解釋，而是轉而尋求已受世尊認可，在法義理解上的資深弟子來加以釐清。

「廣解第一」大迦旃延

在早期僧團中，這種功能顯得如此重要，連佛陀自己也設了一個傑出弟子位為「對略說法義廣解第一者」。大師對這個位子的指定人選是摩訶迦旃延(Mahākaccāna)或另稱為大迦旃延尊者，這麼稱呼是為了和其他常見的婆羅門種姓「迦旃延那」(Kaccāyana，簡稱Kaccāna)有所區別。❶

在出家成為比丘之後，大迦旃延通常住在他的故鄉阿槃提(Avantī)，此地位於佛陀居住的「中國」(Middle Country)①西南邊境。因此他並不像其他的大弟子，有很多時間和佛陀在一起。我們也看不到他像舍利弗、大目犍連與阿難等近侍弟子一樣，在僧團事務中扮演重要的角色。

然而，由於他的才思敏捷，對於佛法有深入的洞見，並擅長演說技巧，每次只要大迦旃延隨侍佛陀時，其他比丘經常會

轉向他，請他闡明佛陀所略說的那些造成他們困惑的教法。
因此，我們在巴利藏經中發現大迦旃延所說的許多開示，它
佔有非常重要的地位。這些典籍，在方法學上都很精緻，分
析得很透徹，對於那些隱晦涵意所作的解釋，清楚到令人咋
舌。佛陀幾個略說所隱含的真義，如果缺少他的解釋，我們
將難以理解。

原註

❶ 佛陀如此定位大迦旃延，是出自AN 1, chap. 14, *Etadaggavagga*（《增支部‧是第
一品》）。

譯註

① 佛教的「中國」是指中印度恆河流域中，佛陀在世遊化的區域；若因佛陀不曾到達
而無有佛法，或弟子們未傳佛法的區域，則稱為「邊地」。婆羅門教的教化中心區
舊稱「中國」，佛教也就以佛陀遊化的佛教文化中心區為「中國」，東方摩揭陀國
的王舍城，以及西方拘薩羅國的舍衛城，是佛陀遊化的兩大重鎮。

第二章

輪迴背景

像佛陀所有的大弟子一樣，大迦旃延尊者在僧團中的傑出地位，是往昔在輪迴中所種下的種子，經過無數世後逐漸成熟的結果。

發願成為「對略說法義廣解第一者」

大迦旃延的傳略提到，他在過去十萬劫前蓮華上佛的教化時期，便已發願成為僧團的領袖。❶那時迦旃延轉生到一位富裕的長者家。有天他去寺院時，看見一位比丘被佛陀指稱為「對略說法義廣解第一者」。這個年輕人對該比丘所獲得的榮譽深受感動，他心想：「這位比丘的行為真偉大，因此佛陀才會如此稱讚他。我應在某未來佛的教化時期，達到這樣的地位。」

為了獲得支持這崇高誓願所需的功德，他邀請佛陀到家裡應供，整整一週，他將豐厚的供養贈與佛陀與僧伽。到最後一天，他頂禮佛足，說出心中的願望。然後佛陀以無礙智觀察

未來，看見這年輕人的願望將會實現。他告訴他：「年輕人！在未來十萬劫之後，喬達摩佛陀會出世，在他的教化時期，你會成為『佛陀略說法義廣解第一者』」。

《譬喻經》提到，迦旃延就在那一世為佛陀蓋了一座以石頭為底座的塔，並以寶幢與寶傘裝飾它。❷根據前述經文，在他供養之後，蓮華上佛就授記他會在未來喬達摩佛的教化時期成為大弟子。在這個授記中，還包括其他關於迦旃延未來的預言，由此我們可以約略看出他過去的歷史。

佛陀說由於布施善行的福報，他會成為天王三十劫，之後重返人間，成為轉輪聖王，名為「光耀」(Pabhassara)，身體會放光照耀四方，直到最後一世都會在兜率天。然後，他會轉生到一個名為迦旃延的婆羅門種姓家庭。在那一世他會證得阿羅漢果，並被佛陀指定為大弟子。

發願成為「論議第一」

關於大迦旃延發願成為大弟子，《譬喻經》的後篇有些不同的描述。❸在這個版本中，於蓮華上佛的時代，這個未來弟子是個在喜馬拉雅山隱居的沙門。有天他以神通力凌空遊行時，經過一個人群聚集的地方，看見世尊就在下面，於是從天而降，趨前聆聽大師說法，聽到他稱讚某位比丘（他的名

字也是迦旃延）是對略說法義廣解第一者。

之後，這位沙門回喜馬拉雅山，採集了一束花，很快地回到集會中，將花獻給世尊。那時他就發願要成為佛法「論議第一」者，世尊預言他會在喬達摩佛的座下滿願。

發願身有金色光澤

在接下來的偈頌中，大迦旃延說由於他供養佛陀的果報，他從未轉生到地獄、餓鬼、畜生等惡道，總是轉生到天界或人界。且當他轉生為人時，總是轉生到婆羅門或剎帝利等前兩種姓，從未轉生到下層的家庭。

在迦葉佛時代，迦旃延轉生到波羅奈的一個家庭。他獻上一塊寶貴的金磚，要為佛陀建造一座金塔。獻上金磚時，他發願：「願我每次轉世，身體都能有金色光澤。」結果，當他生在我們的佛陀時代時，身體真的具有莊嚴的金色光澤，讓見到者都深受感動。❹ 我們底下會討論到，有次長老的這個身體特徵，引發了一連串奇異的事件。

原註

❶ 這個描寫是取材自《增支部・是第一品註》，它有部分和《長老偈》494-501頌的註釋相當。

❷ Ap. i, 4:3。

❸ Ap. i, 54:1。

❹ 供養金磚是出自AN comy.。

第三章

迦旃延的皈依佛法

生為司祭之子

在他的最後一世，喬達摩佛出世時，迦旃延生在「中國」西
南方阿槃提國的首都優禪尼城(Ujjeni)，是司祭（purohita，
或譯為輔相、帝師）之子。❶他父親的名字是提利提瓦洽
(Tiriṭivaccha)，母親是羌德芭(Candimā)，❷他們屬於迦旃延那
(Kaccāyana)族，是最古老與最受尊敬的婆羅門一系。

由於出生時身體有著金色的皮膚，父母驚呼他是帶著名字來
出生的，而為他取名迦旃延(Kañcana)，意思是「金色」。身為
婆羅門與宮廷司祭之子，迦旃延長大後便修學傳統的婆羅門
聖書──三吠陀(Veda)①，並在父親死後，繼任為宮廷司祭。

請求出家

當迦旃延成為司祭之時，阿槃提的國王名字稱為「猛光」
(Caṇḍappajjota)，由於他任性暴躁，因而得名。當猛光王聽到

佛陀出現於世時，便要求大臣去邀請世尊來訪問優禪尼城，大臣們一致同意最適合這項任務的人是司祭迦旃延。但迦旃延表示要執行這項任務須有個條件：在會見佛陀後，能准許他成為比丘。為了見到如來，國王已準備接受任何條件，因此便同意他。

迦旃延由七位朝臣陪同出發，遇見大師後，他教導他們佛法，在開示結束時，迦旃延與七位同伴都證得阿羅漢果並獲得四無礙解智(paṭisambhidā-ñāṇa)②。佛陀只是舉起手，並說：「善來！比丘」，歡迎他們進入僧團，便完成了他們的受戒儀式。❸

如今是大迦旃延尊者的新戒比丘，接著便開始向佛陀稱讚優禪尼城的輝煌。大師了解這位新弟子希望他到他的故鄉遊行，但他回答迦旃延自己去就已足夠，因為他現在已能說法，並啟發猛光王的信心。

貧女的供養

在他們返回家鄉的路途中，這群比丘抵達了諦羅波那利城(Telapanāli)，他們在那裡托缽乞食。城裡住著兩位來自不同商人家庭的少女，其中一個長得很美，有著人見人愛的長髮，但雙親都已去世，生活貧苦，由保姆照顧。另一個則很

富有，因生病而失去頭髮的她，不斷嘗試勸貧女將頭髮賣給她做假髮，但貧女始終拒絕她。

當貧女看見迦旃延與同行比丘在托缽，而缽裡空無一物時，心中對長老頓時升起一股虔信而決定布施。然而她沒有財富，唯一能籌錢購糧的方式就是將頭髮賣給富家女。

這次，由於頭髮送到富家女面前是現成的，因此她只給了八個錢幣。貧女就以這八個錢幣買食物布施給八位比丘，每人一個錢幣的份量。在她獻上供養之後，由於善行的福報，頭上立即又長出和原來一樣長的頭髮。

當大迦旃延抵達優禪尼城時，他向猛光王報告此事。國王便將女孩傳喚進宮，立她為皇后，從此國王就非常尊敬大迦旃延。優禪尼的許多人聽到長老開示後，都對佛法生起信心，並在他座下出家。因此整個城市都成為（以註釋書的話來說）「清一色的橙袍，聖者的旗幟來回飄動」。對長老非常虔敬的皇后，為他建造了一座金竹園。

在阿槃提建立僧團

大迦旃延在阿槃提建立僧團，這是《增支部註》的說法，但巴利藏經本身的記載並不如註釋者所說。此事的證據是出自律藏《大事》(*Mahāvagga*)所說的故事。❹故事一開始，大迦

旃延住在阿槃提他最喜歡的住處「魚鷹出沒山崖」。

在家弟子蘇那‧俱胝耳(Soṇa Kuṭikaṇṇa)③來請求出家，但迦旃延也許是因看到他尚未準備好跨出這一大步，因而拒絕：「蘇那！獨自睡臥、日中一食與終生獨身，是很困難的。當你仍是在家人時，應恪遵佛陀的教誨，也許在適當的時機，就能獨睡、日中一食，並保持獨身了。」

聽到這些話之後，蘇那的熱情就消退了。然而，過了一段時間，熱情又死灰復燃，他去找長老提出同樣的請求。迦旃延第二度拒絕他，蘇那出家的熱情也再度減弱。當蘇那第三次又來時，大迦旃延給予他「出家」(pabbajjā)，讓他先剃度為沙彌。

在佛陀時代，剃度是分兩階段進行，好讓對於佛法具有信心者逐漸成熟，並熟悉教法。先舉行沙彌儀式，然後是受具足戒④儀式，讓沙彌成為僧伽正式成員的比丘。但在上述事情發生時，阿槃提缺少比丘，它離佛陀自己的道場和其他佛教活動中心都很遠。根據戒律規定，受具足戒至少必須要有十位比丘參與。

但在阿槃提，大迦旃延不太容易找到其他九位比丘來授與蘇那具足戒。一直到三年之後，長老才「歷經艱難」地從各地召來十位比丘，為蘇那授具足戒。

蘇那請求佛陀放寬邊地的戒律

當蘇那以比丘身分完成首次的雨安居時，心中生起想去拜訪佛陀的熱切渴望。他聽過許多對於世尊——他的教主與歸依對象——的最高讚譽，然而他從未當面見過大師，如今親自禮敬佛陀的渴望已難以抑制。他請求授戒師允許，讓他長途跋涉去佛陀所在地的舍衛國。大迦旃延不只贊成他的請求，更要求他傳達因地制宜放寬阿槃提與其他邊地戒律的訴求。

當蘇那見到佛陀並解釋他戒師的訴求時，大師欣然同意。首先，決定哪些地區可以被列為邊地，佛陀定義出「中國」的邊境。只要在「中國」範圍內，則原先的規定依然有效，然後宣佈「中國」外的邊地適用戒律修改版本。⑤

這些修改的戒律如下：（一）具戒無須十位比丘，只要有五位參與即可，其中一人必須精通律藏。⑥（二）允許比丘穿厚底的涼鞋，因為那些地方的土地堅硬多碎石土塊。⑦（三）准許比丘經常洗澡，因為阿槃提的人很重視洗澡。⑧（四）可以使用羊皮與山羊皮等做墊褥。⑨（五）僧衣可以被認定為已離開該地比丘的代表，額外的僧衣可被持有十天（在戒律之下），時間從僧衣實際到他手上才開始算起。⑩

原註

❶ 此事接續於AN comy.。

❷ 他雙親的名字出自Ap. i, 54:1, v. 21。

❸ 根據註釋,在佛陀歡迎他們加入僧團的那一刻,藉由佛陀的神通力,他們的鬚髮自落,並獲得衣缽。

❹ Vin. 1:194-98。蘇那的故事在Ud. 5:6中也有提到,但並無修改戒規的段落。

譯註

① 三吠陀(Veda):「吠陀」原義為「知識」,是古印度婆羅門教根本聖典的總稱。三吠陀即指《梨俱吠陀》、《沙摩吠陀》、《夜柔吠陀》,其中規定祭祀的儀式,解釋祭儀及祭詞的意義,兼有關於哲學的說明,是與祭祀儀式關係密切的宗教文獻。

② 四無礙解智(paṭisambhidā-ñāṇa):(一)義無礙解智,洞見教法的意義,了知其內涵與脈絡,能從事物的由「因」而推到「果」。(二)法無礙解智,了知教法在佛法架構裡的關連,以及從事物的「果」溯及「因」。(三)詞無礙解智,能理解教法的語言、文法與詞形變化。(四)辯無礙解智,是率前三種智去闡釋教法,以喚醒他人覺悟的能力。

③ 蘇那・俱胝耳(Soṇa Kuṭikaṇṇa):亦名「首樓那億耳」,一般認為他出生於阿波蘭多(Aparanta),是位於優禪尼更西方的印度西海岸。

④ 具足戒:即指比丘戒與比丘尼戒。「具足」是舊譯,新譯作「近圓」,「近」鄰近,「圓」是圓寂(涅槃),指能清淨受持比丘、比丘尼戒,便已鄰近涅槃了,因每條戒都可以長養定與慧,解脫生死。沙彌或沙彌尼要年滿二十歲才可受具足戒,成為比丘或比丘尼。在《巴利律》中,比丘有227條戒,比丘尼有311條戒。

⑤ 《律藏・大品》:「東方有加將伽羅聚落,其外有摩訶沙羅,從此以外為邊地,從此以內為中國。東南有薩拉瓦提河,……南方有世達康名尼加聚落,……西方有陀那之婆羅門村,……此方有宇尸羅達奢山,從此以外為邊地,從此以內為中國。」

⑥ 戒律規定要十位具授戒資格的比丘聚集才能授人具足戒,而阿槃提與南路的比丘甚少,要經三年的艱辛才能由各處聚集十位比丘來授戒,所以才有此請求。

⑦ 在佛世時的印度,可能除了國王大臣外,一般人是不穿鞋入聚落的,世尊為隨順世俗而不准比丘等穿鞋入聚落。

⑧ 南傳《巴利律》規定：「若有比丘不足半個月而洗澡，除了正確時候，犯懺悔。……夏季的最後一個半月、雨季的第一個月，這兩個半月的暑時、熱時、病時、工作時、長途旅行時、颱風下雨時……這是正確時候。」此中，夏季的最後一個半月與雨季的第一個月，即指印度的三月十五日至五月三十日。

⑨ 在阿槃提與南路，人都以羊皮、山羊皮、鹿皮等獸皮為墊褥。

⑩ 眾人施衣給暫離該地的諸比丘，等那些比丘回來時，他們卻因懷疑是否已超過規定的十天持衣時間而不敢接受。所以，佛陀才因蘇那的請求，允許他人布施給暫離比丘的衣，要到達他們的手上時，才能開始計日。

第四章

各種事件

無論經典或註釋書都並未提供我們很多大迦旃延在僧團中的傳記資料,它們將焦點放在他的老師角色上,特別是他對佛陀略說的廣解。

習慣於安靜獨居

從大迦旃延出現的〈因緣〉(nidāna,或譯為序)到經典,我們可以推論,他出家後大部分時間都待在阿槃提。他似乎習慣於安靜獨居,只有在需要時才指導其他人。他會定期去幾個主要住處拜訪佛陀,有時候,似乎也會在傳法之旅中隨侍佛陀。

大迦旃延在《中部》以解說者身分出現的三部經中,分別是從三個不同地點展開,包括迦毗羅衛城、王舍城與舍衛城。這三個城市散布在恆河流域中,彼此距離遙遠,且與阿槃提也相隔甚遠。這顯示出迦旃延若非花很長時間在旅途中隨侍佛陀,就是當他聽說大師會在某地停留一段時間時,才遊行

到佛陀所在的各個道場。

我們找不到大迦旃延和其他如舍利弗、大目犍連與阿難等領導比丘，有過密切交往的事例。他似乎總是獨自隱居，但並非像大迦葉那麼強調獨住，也不特別堅持頭陀苦行。❶

如我們底下會看到的，他似乎是應別人的請求而教導，我們也會發現，他在經典中總是以對別人解說與闡釋法義的角色出現。我們並未看到他像前述那些長老一樣，以一對一的方式和其他比丘進行對話；也看不到他像最睿智的比丘舍利弗尊者經常向佛陀發問。

他在《牛角林大經》(*Mahāgosiṅga Sutta*, MN 32)的缺席很引人注目，在那次聚會中其他傑出比丘都聚集在一個滿月的夜晚，討論可以為森林增光的理想比丘。不過當然，如果大迦旃延那時在場，他一定會描述善於廣解略說法義的比丘。

如前述蘇那的例子中所見，大迦旃延確實曾應允剃度，但如果拋開《增支部註》所說（「清一色的橙袍」），他的弟子可能並不多。其中一個是比丘隸犀達多(Isidatta)，他在很年輕時就因能敏銳地回答佛法艱難問題，而讓許多年長比丘印象深刻。❷ 隸犀達多處理微細論點的技巧，無疑應該是來自大迦旃延嚴謹的訓練。

受到帝釋天王的特別禮敬

有一次，大迦旃延去拜訪佛陀時，受到帝釋天王的特別禮敬。❸此事發生在佛陀住在舍衛國東園的鹿母講堂中時。世尊坐在一群大弟子中間，舉行自恣羯磨，即比丘之間相互舉發過錯，以結束一年一度的雨安居。為了聞法，大迦旃延常會定期來拜訪佛陀，甚至從很遠的地方來，因此其他長老總是會為他保留座位，以免他突然出現。

這次帝釋和他的天界隨從一起前來，趨近聖眾並頂禮世尊。由於他並未看見大迦旃延，因此心想：「如果尊貴的長老能來就太好了。」就在這時，迦旃延出現並就座。當帝釋看見他時，緊緊握住他的腳踝，對於長老的抵達，表達他心中的喜悅，並供養他香與花。一些年輕比丘不以為然，他們抱怨帝釋行禮不公平，但佛陀制止他們，並說：「比丘們，那些善護根門的比丘，如我的法子大迦旃延，在人、天之間都受到敬愛。」然後，他說出《法句經》的下列偈頌：

> 即使天神亦愛戴，
> 如御馬師伏六根，
> 彼之慢心已調伏，
> 已是解脫煩惱者。(Dhp. 94)

迦旃延實際上是個致力於關注調伏六根的人，這點在他的經典中可得到證明，它們（如底下會看到的）常強調「守護根門」的必要。

須離變性成女子

註釋書記載了兩個奇異的連串事件，它們都源自於其他人看見長老身形的心理印象。其中之一記載於《法句經註》，❹提到一個年輕人須離(Soreyya)，市中同名庫藏官的兒子。

有天須離駕車出城，和一個密友與一群玩伴前往浴場。在出城時，大迦旃延尊者正好站在城門口，於進去托缽前穿上外衣。當年輕的須離瞧見長老的金色身時，他心想：「啊！但願這個長老能成為我的妻子！或願我妻子的身體光澤能變成像他的身體一樣！」

就在他心中閃過邪念的那一瞬間，須離立刻從男人變成女人。驚訝於這個無法解釋的性別轉換，他趕緊在其他人尚未注意到發生什麼事之前，跳出馬車逃走。他緩步走向德迦尸羅城(Takkasilā)，同伴找不到他，就向他的父母報告他的離奇失蹤。當一切尋找他的嘗試都無效時，父母斷定他一定已經死亡，便為他舉行葬禮。

當女子須離抵達德迦尸羅城時，遇見該城庫藏官的兒子，他

愛上她並娶她為妻。他們結婚第一年，她就生了兩個兒子。先前當他是男人時，須離故鄉的妻子也為他生了兩個兒子。因此他是四個小孩的父母——兩個小孩的父親，兩個小孩的母親。

有一天，須離從前的密友來德迦尸羅城處理一些私事。女子須離在街上看見他，就叫他到她家，向他揭露自己變性的祕密。這個朋友建議須離應該去供養大迦旃延，他就住在附近，然後請求長老原諒他如此荒誕不羈的想法。

於是朋友去找長老，邀請他隔日到女子家中接受供養。當大迦旃延尊者抵達時，朋友帶女子須離到他面前，告訴他很久以前發生的事，並請求他原諒她的罪過。就在長老說出「我原諒你」的那一刻，女子須離又變回男人。受到這雙重變性的震撼，須離徹底看破紅塵，決定不再過世俗的生活。他在大迦旃延座下剃度出家成為比丘，不久之後就證得阿羅漢果與神通。

禹舍轉世成猴子

摩揭陀國阿闍世王的宰相禹舍(Vassakāra)就沒如此幸運了，他的不幸全來自他的傲慢與固執，而非無法控制的力量。

《中部註》記載，有一天當禹舍看見大迦旃延尊者從靈鷲山

下來時，他大叫：「他看起來好像一隻猴子！」❺這個大叫似乎有點奇怪，尤其是大迦旃延在經中被描述為非常英俊與高雅。但無論此事的原因為何，這消息很快就傳到佛陀那裡。

世尊說，如果禹舍請求長老原諒，一切就會沒事；但如果他不如此做，就會轉生為王舍城竹林中的一隻猴子。此事傳回禹舍耳中，身為王國的宰相，他一定非常驕傲，以致於不肯向一個托缽僧低頭乞求原諒。由於想到佛陀必無虛言，因此他很認命，並為來世預作準備：他在竹林中種了很多樹，並派遣守衛保護其中的野生動物。據說，在他去世之後不久，竹林中就有一隻猴子出生，每當有人叫「禹舍」時，牠就會靠近。

經典中並未記載大迦旃延尊者的去世情形，但在《摩偷羅經》（*Madhura Sutta*，底下會討論）的最後，大迦旃延宣稱佛陀已般涅槃，由此可見他自己一定活得比大師還久。

原註

❶ 在Vin. 2:229描述第二次結集的準備過程中，提到來自阿槃提的八十八位阿羅漢，聚集在阿呼恆河山（Ahoganga）的山坡。他們被描述為「多林住者，多乞食者，多著糞掃衣者，多著三衣者」，並被拿來和來自波婆（Pāvā）城的六十位阿羅漢比較，他們都是堅持這些苦行者。雖然我們很難根據這一段而驟下結論，但這些比丘很可能是屬於大迦旃延的傳承，而他們大都持守苦行（而非全部持守）的原因是，他啟發他的弟子們依照個人情況採取苦行，並非強制規定。

❷ 隸犀達多在SN 41:1, 2中被提到。在第一部經中他回答一個法義歧異的問題，大迦旃延也曾討論這個論題（見本書第二部‧第五章〈佛陀「略說」的闡述者〉，頁146-147）；在第二部經中他回答一個關於疑見的問題，為了避開這些回答帶給他的盛名之累，他遂隱匿起來。

❸ Dhp. Comy.（針對第94頌）；BL, 2:202-3。

❹ Dhp. Comy.（針對第43頌）；BL, 2:23-28。

❺ MN Comy. (to MN 108)。

佛陀「略說」的闡述者

佛陀推崇大迦旃延尊者為詳述他略說法義能力第一的弟子，大迦旃延能得到這項殊榮，主要是因為在各部(Nikāya)①中被發現的八篇經典：《中部》三篇、《相應部》三篇、《增支部》兩篇。除此之外，在各部中還可發現與佛陀略說無關的其他論述。

分析「法」，直指法義的核心

綜觀這些論述中所具的一致性與獨特風格，在在都揭露了創作者的心理特質。它們是周密、平衡、細心與謹慎、言之有物、一絲不苟、敏銳、設想完善與圓融的。但無可否認，它們也有點枯燥，既不感性也不浪漫，且毫無其他著名論師的華麗修飾。其中看不到任何譬喻、寓言或故事，所用的語言樸素但精準無比。

他的論說和佛陀、舍利佛與阿難等人相比，顯然少了一些能打動人心的精彩譬喻。大迦旃延著重於義理內涵，而非文學

修飾，平鋪直敘的文字只是為了直指法義的核心。身為
「法」的分析者，大迦旃延非常類似於舍利弗尊者，兩者的
論說也確實有相似之處，其間的差別主要在強調的重點，而
非實質的內涵。

例如，在《正見經》(*Sammādiṭṭhi Sutta*)以及《大象跡喻經》
(*Mahāhatthipadopama Sutta*)中，❶ 舍利弗的說法是從某個特定
的主題開始，藉由分解逐步分析那個主題，並輪流解釋每個
成份（經常伴隨更細的分類）。

而大迦旃延則在自己的特定範圍內，通常不如此做，而是從
佛陀的簡短談話開始，它們經常具有直覺、詩意或勸誡的特
性。他接著就會藉由拆解佛陀說法的格言或警句，將它們連
結到更熟悉的已知理論架構上，通常是由六入處②與修習根
律儀③展開論述。這兩位大弟子強調的重點雖然不同，但對
於系統分析的喜好卻相同，並展現出同樣犀利的思惟模式。

因此，在上座部傳統裡，這兩個長老無疑地都被視為詮釋佛
法的特殊方法學之父，在佛教撰述史上佔有一席之地。舍利
弗理所當然地被視為阿毗達磨的原始締造者，這些論書（根
據傳統說法）是他依據佛陀在三十三天宣說阿毗達磨時，定
期返回人間教導的大綱所寫成。❷大迦旃延被視為《藏釋》
(*Peṭakopadesa*)與《導論》(*Nettippakaraṇa*)這兩部後經典(post-
canonical)作品，所蘊含註釋系統的作者，對早期佛教註釋者

影響深遠，我們底下會詳細說明。

《中部》的記載

《蜜丸經》

大迦旃延尊者在《中部》的第一部重要經典是《蜜丸經》
(*Madhupiṇḍika Sutta*, MN 18)，是一部被歸於佛陀本人的作
品，也許是唯一一部大師為弟子所說經典署名的例子。

經典一開始說，當時佛陀住在故鄉釋迦國的迦毗羅衛城。有
一天，當他在榕樹園中坐禪時，一個傲慢的釋迦族人執杖
(Daṇḍapāṇi)來找他，並無禮地問道：「沙門主張什麼，他宣
說什麼？」佛陀想以其人之道還治其人之身，因此回答：

> 朋友！我主張與宣說此法：「人們應該無諍，包括與世間
> 的任何人，與諸天、魔羅④或大梵，在此世與沙門或婆羅
> 門、王子或人民。」我主張與宣說此法：「那個遠離欲
> 樂、無有困惑、斷除憂慮，以及解脫一切存有渴愛的婆羅
> 門，不會再存有那種想法。」

執杖完全無法理解這個回答，他困惑地揚了揚眉毛就離開
了。到了晚上，佛陀告知比丘們所發生的事，某比丘問：

「世尊所說的這教法究竟是什麼,人們藉由它既可避免一切爭執,又能解脫渴愛有害的影響?」佛陀簡短回答如下:

比丘們!透過這個源頭,人因想與思被迷執染污而困擾,如果沒有任何事值得喜愛、貪取與執著,這就是貪欲、瞋恚、邪見、疑惑、我慢、有愛與無明習氣的結束;這就是耀武揚威、爭吵、喧鬧、爭奪、指責、敵意與惡口的結束。在這裡,這些惡法會完全止息。

說完之後,比丘還不及要求解釋,世尊就起身離開了。

在佛陀離開後,比丘們思惟這個說法,知道無法單靠自己的力量了解,他們心想:「大迦旃延尊者受到大師的稱讚,並獲得睿智梵行同修的尊敬,他有能力闡述教法的精義。我們應去找他,請求解釋這段話的意思。」

當他們去找大迦旃延並提出請求時,他先責備他們為何來找他而未請佛陀說明。他說於佛陀在場時來找他,猶如略過主幹而在枝葉中尋找大樹的心木。世尊是知者與見者,他是智、見、法與聖者的化身;他是說者、示者、闡揚義理者、賜予無死者、法主、如來。

比丘們雖然承認長老的責備有理,但仍堅持他本人就具備解釋法義的資格。最後長老同意,接著便對佛陀的「略說」做

了如下的解釋：

> 基於眼與色，眼識生起。三者和合即觸，觸緣受，受緣想，
> 想緣思，思緣迷執。以迷執爲源頭，和眼所認知過去、現
> 在與未來色相有關的想與思被迷執染污，而困擾個人。

同樣的推理模式，可重複地運用在其他五根上。之後長老將
整個說明連接到緣起的原則，顯示緣起各支如何隨著前一支
而生起，並隨著前一支止息而止息。

這一段的涵意豐富，提供了一個洞見緣由的過程，藉由它，
顛覆了妄心想像的創造物——扭曲的想法與心理結構。這個
序列從認知緣起的直敘展開：每一種識都根據它各別的根與
境而生起，過程是依照觸、受、想、思等自然順序而展開。
但在那些對於事物真實本質缺乏正見的愚昧凡夫心裡，在
「思」的階段，認知遭到迷執（papañca，或譯為戲論、妄想）
影響的染污。❸妄心因受到迷執滲入，並未正確地理解「想」
的目標，衍生出複雜的心理評論，以「我的」、「我」與「我
自己」等錯誤概念附加在事物上。因此這個人便遭到「妄想
念」（papañcasaññāsaṇkhā，被迷執染污的想與思）的干擾。
這迷執產生的三個根本煩惱為：渴愛、我慢與邪見。當這三
者掌握思想過程時，認知就會偏差，衍生出許多妄想、迷惑

與貪愛，它們喧賓奪主，使他成為不幸的受害者。如大迦旃延所指出的，這個感官認知的過程，就是佛陀在「略說」中所言「透過這個源頭，想與思被迷執染污而困擾個人」。

在認知的過程中，如果沒有會造成「我所」經驗的渴愛所引發的喜愛；或會造成「我是」經驗的我慢所引發的貪取；或會衍生自我概念的邪見所引發的執著，他就能根除一切煩惱的習氣，像解脫聖者般安住於世間，清淨而睿智，沒有吵鬧、衝突與爭執。

這就是大迦旃延針對佛陀的話向比丘們所作的解釋。之後比丘們去找世尊，並告訴他大迦旃延所說。佛陀以最高讚許作為回答：

> 比丘們！大迦旃延是睿智的，擁有大智慧。如果你們問我此事的意義，我的解釋將會和大迦旃延所作的解釋一樣。這就是此事的意義，你們應該謹記在心。

此時阿難尊者剛好站在一旁，他以方便易記的比喻凸顯大迦旃延的論議之美：

> 就如飢餓與虛弱不堪的人見到蜜丸，在吃它時會感到無比甜美的滋味一樣。尊者！任何有能力的比丘，在以智慧審

視這段開示的法義時，也都會得到內心的滿足與自信。

佛陀就以這個比喻將這段開示取名為《蜜丸經》。

《大迦旃延賢善一夜經》

另外兩篇以大迦旃延為主的《中部》經典，以及一篇《增支部》經典，都符合上述的定型模式：佛陀「略說」法義，起身而進入住處；比丘們去找長老請求解釋法義；他責備他們來找他而未請問世尊；但最後還是順從請求，闡釋佛陀的說法；比丘們回去找佛陀，重複大迦旃延的分析，大師則以讚許表示同意。

《大迦旃延賢善一夜經》(*Mahādaccāna Bhaddekaratta Sutta*, MN 133)是以著名的「賢善一夜」詩為中心，那是一組佛陀所說的詩，在僧團之內流傳。此詩強調放棄渴望過去與期盼未來的必要，並呼籲要勇猛精進，洞見當下的實相。許多佛弟子都將它與佛陀的解釋牢記在心，並以它為禪修的妙方與說法主題。❹

然而，三彌提(Samiddhi)比丘卻不知道這首詩，更遑論它的解釋。某個慈悲的天神很同情他，有天清晨來找他，勸他學習「賢善一夜」詩與解釋。三彌提於是請求佛陀教授，佛陀誦出此詩：

眾生不應念過去，
或寄希望於未來，
往昔已成身後事，
未來渺茫不可知。

應於心中生洞見，
安住當下念分明，
應知此事並確信，
不屈不撓不動搖。

今日應精進努力，
明日即死未可知？
面對死魔無可逃，
身家財產皆須拋。

彼若如此勤安住，
無分晝夜不間斷，
寂滅聖者如是說，
彼已有賢善一夜。

然後世尊便起身，進入住處。

三彌提與當時在場的其他比丘，一起去請大迦旃延尊者解釋。一如《蜜丸經》的前文，大迦旃延先是指責他們，但之後還是同意分享他對此詩的了解。他取前兩行為解釋主題，分別以六入處加以說明。

有人「念過去」，當憶念過去所見的眼與色，便將它們安住在欲愛中；對於其他五根與五境也是如此。當將心放在體驗未來尚未遭遇的根與境時，他便「植希望於未來」。當不和憶念過去與渴望未來感官經驗的欲愛纏縛在一起時，他就「不念過去或寄希望於未來」。同樣地，內心被當下根與境的欲愛所束縛者，即稱為「於當下被征服者」，而不受制於欲愛時，即稱為「於當下不屈服者」。

再一次，比丘們回去找佛陀，他說：「如果你們問我此事的意義，我的解釋將會和大迦旃延所作的解釋一樣。」

《總說分別經》

第三篇《中部》經典是《總說分別經》(Uddesavighaṅga Sutta, MN 138)，一開始佛陀向比丘們宣佈，他會教導他們「總說」(uddesa)與「分別」(vibhaṅga)。他「總說」如下：

> 比丘們！比丘應以這樣的方式來檢視事情，當檢視它們時，他的意識不向外散逸，也不向內固著，藉由不執取，

他不會不安。這對他來說，沒有苦——未來生、老、死集
起的因。

說完之後，一如前述，他起身、離開，並未作解釋——一個
奇怪的忽略，因為他曾說會教導它！但比丘們並不擔心，因
為大迦旃延尊者就在他們之中，而他的解釋一定會獲得大師
認可。

在一貫的推辭後，迦旃延開始分析，他挑出佛陀「總說」中
的詞語，將它們仔細拆開。意識如何「向外散逸」呢？當比
丘以眼見色（或其他五根對五境）時，「如果他的意識隨色
相轉，被繫縛與禁錮於色相的滿足中，他的意識即稱為『向
外散逸』。」但如果在以眼見色（或其他五根對五境）時，
這名比丘不隨色相轉，不被繫縛於色相中，則他的意識即稱
為「不向外散逸」。

如果他達到初禪乃至第四禪，而心被喜、樂、一心與捨⑤的
滿足所「繫縛」，則他的心即是「向內固著」。如果能達到
禪定而不貪著它們，他的心即是「不向內固著」。

無聞凡夫「緣於執取而有不安」，而將五蘊視為自我。當他
的色、受、想、行、識改變與惡化時，就會變得焦慮、憂傷
與擔心，因此緣於執取而有不安；但多聞聖弟子則不將五蘊
視為自我。因此，當五蘊改變與轉化時，他的心不會被變化

搶先佔據，故能解脫焦慮、憂傷與擔心。⑥

長老說，這就是他對世尊略說「總說」的了解細節。當比丘
們向大師報告時，他贊許大迦旃延的解釋。

《相應部》的記載

《相應部》有三經：SN 22:3、SN 22:4 與SN 35:130，大迦旃
延尊者在其中展現他論議佛陀「略說」的長才。這些經典在
背景與性質上都和《中部》三篇重分析的開示不同。

解釋「摩犍提的問題」

在這三經中，長老並未和佛陀住在一起，而是在阿槃提的
「魚鷹出沒山崖」，那應該是個人跡罕至的地方。一個多聞
佛法的在家信徒訶梨提迦(Hāliddikāni)，去拜訪他並請求詳細
解釋佛陀的簡短開示。大迦旃延的回答是對訶梨提迦一人所
說，而非比丘眾，在開示結束後，他的解釋也未得到佛陀的
認可。似乎難以確定這些交流是在佛陀在世時或之後發生，
但顯然為了被納入巴利藏經中，討論報告一定有被送達僧團
的重要中心。

在SN 22:3中，訶梨提迦請長老詳細解釋一首偈頌的意義，它
是出自「摩犍提(Māgandiya)的問題」，包含在《經集》的

〈義品〉(Aṭṭhakavagga)中：

> 出家遊行無定所，
> 聖者村中無熟人；
> 捨棄欲樂無偏愛，
> 彼不與人起爭執。(Snp. 844)

於回應在家信徒的請求時，大迦旃延尊者介紹了一套方法學，那和他在《中部》三經中的詮釋非常不同。在此他不像前述只解釋佛陀說法的字面意義，而是將偈頌表現的重點轉移到另一個開示層面，不只是將它們視為有待釐清的晦澀詞語，而是視為說話的隱喻或象徵，為了正確地了解，一定得重新定義它們的抽象意義。

如我們底下會看到的，他先從選定的象徵詞語中，引出它們內含的字面意義，然後將意義對應到其他更有系統的教理結構上。這技巧成為後代巴利註釋書的特色，我們甚至可將大迦旃延的這種註釋風格，至少在某些方面視為註釋方法的最初原型。

先看「出家」(okaṃ pahāya)，大迦旃延說所謂的「家」不僅是指人們居住的地方，而是「意識之家」(viññāṇassa oko)。他解釋「意識之家」是指其他四蘊——色、受、想、行，在此

稱為「界」(dhātu)，在別處則描述為四「識住」(viññāṇa-ṭhiti)❺。如果意識被貪欲引向這四界，他就被說成在家裡四處走動；如果捨棄對意識這四個家的一切貪求、愛戀、喜好與渴望，他即名為「無家行」(anokasārī)。在此應注意，最後這一項實際上並未出現在偈頌中，但大迦旃延還是介紹了它，來充實解說。

長老接下來解釋「遊行無定所」（aniketasārī，直譯為「非居家」），他先定義反義詞「在家遊蕩」（niketasārī，直譯為「居家」），它也未出現在偈頌中。一如前述，大迦旃延將這個詞句當作隱喻，以便使用組織化的教理來詮釋。在此例中，他並非以五蘊為支架，而是引用外六入處。因為繫縛於色相（或聲、香、味等），或在色法的家中遊蕩，所以他被稱為「在家遊蕩者」。當斷除一切色、聲、香等相的束縛時，他就被稱為「遊行無定所」。

大迦旃延更逐字解釋剩餘的部分，都是以對照的方式，直接定義偈頌中的文字。「村中無熟人」者，被定義為比丘遠離在家人與它們的世俗考量。「捨棄欲樂」，是對感官歡愉毫無愛欲與渴望。「無偏愛」是不嚮往未來。「不與人爭執」，是對於「法」的詮釋不被捲入爭吵或糾紛中。

解釋「帝釋之問」

在下一經(SN 22:4)，訶梨提迦問道，人們如何詳細理解出現於「帝釋之問」❻中的佛陀「略說」：

> 那些已完全斷除渴愛的解脫沙門與婆羅門，皆已達到究竟結果、究竟安穩、究竟梵行、究竟目標，是人、天中的最勝者。

大迦旃延解釋：

> 善男子！透過斷、離、止、捨、滅，去除對於色蘊的貪、欲、喜、愛、取、我見、執著與習氣，心即名為「善解脫」。同樣地，對於受蘊、想蘊、行蘊、識蘊也是如此。因此，善男子！對佛陀「略說」的意義，應如此詳細了解。

解釋「界相應」

在第三經(SN 35:130)中，訶梨提迦從引用佛陀的話問起，但是這次他沒問：「應如何詳細了解這略說的意義？」他只是請長老解釋下述「界相應」(Dhātu Saṃyutta, SN 14:4)的引文：「比丘們！緣於種種界，而生種種觸；緣於種種觸，而生種種受。」

佛陀以何種界會引生何種「觸」與「受」來解釋這段話：
「緣於眼界，眼觸生起；緣於眼觸，眼觸所生之受生起。」
其他五根也是如此。然而，大迦旃延不僅模倣佛陀的分析，
更將分類往下延伸到更細的層次：

> 善男子！比丘眼見色，便如此了解可愛的色：「如是，緣
> 於眼識，觸被體驗為樂，由此而生樂受。」然後，比丘眼
> 見色，便如此了解不可愛的色：「如是，緣於眼識，觸被
> 體驗為苦，由此而生苦受。」然後，比丘眼見色，便如此
> 了解平等（捨）的色：「如是，緣於眼識，觸被體驗為不
> 苦不樂，由此而生不苦不樂受。」

同樣的分析也被運用在其他五根上。如此佛陀只是以六根區
分觸與受，而大迦旃延則區分六入處內對象的三種特質——
可愛、不可愛、無差別；並區分「觸」的三種特質——苦、
樂、不苦不樂。接著相互對照這三法，由此而得出因果關
係：對象的特質緣生「觸」的特質，「觸」的特質緣生
「受」的特質。
大迦旃延說，具正知的比丘如理思惟整個過程，這也意味著
他藉由洞見緣起，而擁有克服諸受束縛的能力。

《增支部》的記載

《增支部》提供大迦旃延註釋技巧的另外兩個例子。

解釋「女子之問」

在一篇短經中(AN 10:26)，長老解釋一首偈頌，它的意義似乎原本就很清楚，藉由將它轉移入象徵模式，然後再對應到組織化的教理結構中，而萃取出它內含的意義來。

有個在家女弟子伽梨(Kāli)，請長老詳細解釋「女子之問」中的一首偈頌。這是佛陀遇見魔羅女兒的故事，在他覺悟之後第一年，她們試圖引誘他(SN 4:25)。女兒「渴愛」(Taṇha)問他，為什麼要浪費時間在樹林中獨自禪修，而不在村中與人親熱。對此佛陀回答：

> 戰勝樂與可愛軍，
> 獨自禪修得喜悅，
> 究竟成就心安隱。
> 因此不與人為友，
> 吾亦不與人親密。

伽梨請大迦旃延尊者解釋這首偈頌，長老的解釋方式，似乎

無法從文字本身推知。他的解釋和佛陀對「遍處」(Kasiṇa)❼的態度相呼應，那是其他沙門與婆羅門修習的禪法。他解釋有些沙門與婆羅門視「地遍」的成就為最高目標，因而有這個成就。其他人則可能視水遍或火遍等其他遍處為最高，而達到相應的禪定。

但對於各遍處，世尊完全了解它的極限，由於了解而能洞悉它的起源、過患與出離，且洞悉正道與邪道的智與見⑦。由於洞悉這一切，因此他了解究竟成就與心的安隱。長老總結說，應如此詳細地了解上述偈頌的意義。

從這首偈頌表面的意義來看，它似乎是讚歎隱居禪修的喜悅高於感官與社會接觸的愉悅──魔羅女兒曾試圖以此享樂誘惑佛陀，但大迦旃延給了一個不同的延伸意義。對他來說，對比不只是介於感官歡愉與禪定的喜樂之間，而是介於對禪定進階的兩種不同態度之間。

一般的沙門與婆羅門，以修習遍處可達的禪定與其他非凡的意識狀態，作為修行的究竟目標。但他們這麼做，卻落入「有愛」(bhava taṇhā)⑧的陷阱中，而得不到究竟解脫。因為他們貪著於禪定的喜樂與平靜，而看不到它們也是緣起與無常的，對它們的貪愛便無法斷除。他們因而困在魔羅的領域中，被他「可愛與歡樂色法」的大軍給征服，無論它們可能有多麼崇高。

但佛陀已看見這些成就的「起源」(ādi)❽——作為痛苦起源的渴愛；他已看見「過患」(ādīnava)——它們是無常、苦與變易的；他已看見「出離」(nissaraṇa)——涅槃；且已獲得智與見，他能據之分辨正道與邪道，亦即八正道與八邪道⑨。藉由這四種智——四聖諦智，他已達到涅槃目標，體會到只有漏盡無餘才會生起的內心安隱。

解釋如法、如利的修行

在龐大的《增支部》最後，我們又發現一篇和《中部》三經相同型態的經典。此經(AN 10:172)由佛陀的「略說」開始：

> 比丘們！應了解非法，也應了解法；應了解弊，也應了解利。了解這一切之後，就應該如法與如利修行。

說完之後，世尊就起身進入住處。

比丘們於是去請求大迦旃延尊者解釋。在一貫的聲明與強調後，大迦旃延舉十不善業與十善業來詮釋佛陀的教導：殺生是非法，不殺生是法。許多惡都是因殺生而引起，這是弊；許多善都是修習圓滿不殺生而引起，這是利。同理可類推到偷盜、邪淫、妄語、兩舌、惡口與綺語。最後，貪、瞋、痴是非法，從它們引起的惡是弊；不貪、不瞋與不痴是法，藉

由修習圓滿它們而引起的善是利。

原註

❶ 參見巴利佛典【佛陀的聖弟子傳】(1)《佛法大將舍利弗‧神通大師目犍連》，頁123-126。

❷ 同上註，頁132-134。

❸ 對於《蜜丸經》詳細與深入的討論，請見喜智比丘(Bhikkhu ñāṇananda)所撰《早期佛教思想中的概念與實相》(Concept and Reality in Early Buddhist Thoughts, BPS, 1971), pp.2-9。

❹ 《中部》有四經，編號131-34，是和bhaddekaratta詩有關。題名本身就是個謎：髻智(ñāṇamoli)比丘將它譯為「一次幸福的貪著」，而喜智(ñāṇananda)比丘則譯為「獨居的理想愛人」。兩人都將ratta當作rajjati的過去分詞，意思是「貪著」或「喜愛」。但在此的ratta似乎更像是ratti的同義詞，即「夜晚」，因此bhaddekaratta的意思是「賢善一夜」，是指（如詩中陳述）完善禪修一晝夜。以下對詩文的翻譯即採取最後這個解釋。

❺ 四識住(viññāṇaṭṭhiti)在DN 33(3:228)中被提到。另外請見SN 22:53, 54。（譯按：四識住即指色識住、受識住、想識住、行識住。因上述四蘊為識所依所住，所以稱為「識住」。眾生的情識，在色、情緒、認識、意志上起貪著——住，執持「我」或「我的」，所以繫縛而流轉於生死。）

❻ DN 21(2:283)。見《帝釋之問》(Sakka's Quest, BPS, Wheel No. 10)。《長部》並無「天、人中之第一者」(seṭṭhā devamanussānaṃ)之語，它是出現在《相應部》的引文之中。

❼ 見《清淨道論》，第四、五章。（譯按：在《清淨道論》中，有列舉地、水、火、風遍處等十遍處，作為十種禪定的業處。會稱之為「遍」，是因修習這十種業處時，必須將其似相擴大至十方無邊之處。）

❽ 錫蘭文與巴利原典協會的版本這裡都是寫為ādi（初），但緬甸文版則寫為assāda（味）。後者較罕見，可能是源自於標準三字一組assāda, ādlnava, nissaraṇa（味、患、離）寫法的同化。

譯註

① 部(Nikāya)：Nikāya音譯「尼柯耶」，即經藏的四部：《長部》、《中部》、《相應部》、《增支部》。

② 六入處：有六內入處與六外入處。六內入處是指眼、耳、鼻、舌、身、意等六根，它們是生識的所依處；六外入處是指色、聲、香、味、觸、法等六塵。兩者是產生六識、六觸、六受、六想、六思、六愛的因緣。

③ 根律儀：即防護感官的戒，例如當眼見色時，以正念防護眼根，不讓貪等煩惱入侵而受到繫縛，即是「眼根律儀」。其他五根的防護亦然。

④ 魔羅(Māra)：即殺者、奪命、能奪、能奪命者、障礙或惡魔。一切煩惱、疑惑、迷戀等，能擾亂眾生者，均稱為「魔羅」。

⑤ 喜、樂、一心與捨：在禪定中時的心所法，又稱為「禪支」，諸禪即由捨棄較粗的禪支，提升較微細的禪支而區別。「喜」是喜歡或對所緣有興趣，對治瞋恚蓋；「樂」是心的樂受，對治掉舉與惡作蓋；「一心」是心的專一，能密切觀察所緣，對治貪欲蓋；「捨」是對所有的心採取中立的態度，即對第三禪的最上之樂也不生好惡。

⑥ 愚癡無聞凡夫，因不如實知色集、色滅、色味、色患、色離，而樂著於色，所以生起執取，取緣有，有緣生，生緣老、死、憂、悲、惱、苦，如是純大苦聚生。多聞聖弟子，如實知色集等，不樂著於色，所以止息愛樂，執取因而止息，取滅故有滅，有滅故生滅，生滅故老、死等滅，如是純大苦聚滅。

⑦ 智與見：洞察四聖諦的智慧與洞見。

⑧ 有愛(bhava taṇhā)：三種渴愛（欲愛、有愛、無有愛）之一。欲愛是對感官欲望的強烈執取。有愛即對「有」（存在）的渴愛，以各種的盼望、想像來渴望生命的永恆，是推動生命輪迴的力量，其合理化的形式表現是「常見」。無有愛即對「無有」（不存在）的渴愛，是對存在全然絕望的結果，這種渴愛的表現是「斷見」。

⑨ 八正道與八邪道：八正道是成就聖果的正道，也是能入於涅槃的唯一法門，有八種不可缺少的要素：正見、正思惟、正語、正業、正命、正精進、正念、正定。與之相反的是八邪道：邪見、邪思惟、邪業、邪語、邪命、邪精進、邪念、邪定。有了八邪道，一定墮落惡趣。

第六章

大迦旃延的其他教導

大迦旃延的開示形式並非都是對佛陀「略說」的註釋，他也
有自己的獨立說法，且擅長以自己對緣起教法的洞見，來解
決同修比丘們的疑惑與問題。

《中部》的記載

《中部》有一篇記述大長老和摩偷羅(Madhurā)國王阿槃提弗
(Avantiputta)完整而詳細的對話，該王（根據註釋書）是阿槃
提猛光王的孫子。有一次，當大迦旃延尊者住在摩偷羅時，
國王聽到許多讚美他的話：「他是睿智、敏銳、聰慧、多
聞、善說與穎悟者；他是長老與阿羅漢。」國王很想和這位
尊貴的比丘對話，於是出宮去會見他，這段對話最後記錄在
《摩偷羅經》(*Madhurā Sutta*, MN 84)中。

國王起初提出的不是關於實相或禪觀的深奧問題，而是縈繞
在許多貴族心中揮之不去的實際議題：婆羅門試圖樹立自己
在印度社會體制裡的領導地位，他們以神聖的出家為訴求，

將權力欲望合法化。

阿槃提弗王向大迦旃延提到他們的主張：「婆羅門是最高種姓，其他種姓皆不如它；婆羅門是最顯赫的種姓，其他種姓都是陰暗的；只有婆羅門是清淨的，非婆羅門則否；只有婆羅門是大梵之子，是大梵的後代，從祂的嘴出生，是大梵所生，大梵所造，是大梵的繼承人。」

然而，大迦旃延本身就具有正統的婆羅門血統，他很清楚這主張背後的傲慢與自大。他回答，婆羅門的這個主張「只是世間的一種說法而已」，沒有任何神聖的約束力可以支持它。

為了證明他的觀點，大迦旃延提出一系列強而有力的論述：

> 無論任何種姓，擁有財富者便能命令其他種姓為其工作，即使僕人也可以將婆羅門納入服務的名單。無論任何種姓，違反道德原則者便會墮入地獄，而持戒者則會轉生善趣。無論任何種姓，只要犯法便會受到懲罰。無論任何種姓，只要出家成為沙門就會受到尊敬。

聽完這些論述，國王宣佈：「四個種姓都一樣，它們之間沒有任何差別。」

討論結束，在表達他對大迦旃延回答的感激之後，阿槃提弗王說道：「我皈依迦旃延大師，皈依法與皈依比丘僧。」但

長老糾正他：「不要皈依我，大王！要皈依我同樣皈依的世尊——正等正覺的佛陀。」當國王問世尊現在住在何處時，長老回答他已般涅槃了，這回答顯示大迦旃延晚於佛陀去世。

《相應部》的記載

由《相應部》中的一經(SN 35:132)，我們看到大迦旃延尊者對付一群無禮婆羅門少年的技巧，透過他們間接幫助一位博學的老婆羅門與隨從弟子們改變態度。

有一次，長老住在阿槃提的一個森林茅篷裡，一群婆羅門少年——著名婆羅門上師魯醯遮(Lohicca)的弟子，剛好在茅篷附近撿拾木柴。由於當時的婆羅門經常對佛教僧侶懷有敵意，這些少年也不例外，他們在茅篷外大聲喧譁，意圖影響比丘禪修。他們也叫囂一些婆羅門常拿來奚落非婆羅門行者的話：「這些光頭無賴沙門、奴僕，世界主之足的黝黑後代，被他們卑賤的信徒所尊崇、恭敬與禮拜。」

大迦旃延尊者走出茅篷，以偈頌告誡這些少年，提醒他們古代婆羅門的理想，如今已被嚴重忽略：

　　往昔之人戒德優，

　　彼等梵志守古訓，

善護感官之根門，
調伏瞋恨心安住。
於法與禪咸喜樂，
彼等梵志守古訓。

今已沈淪徒空言，
由於墮落故吹噓。
彼等行爲不正直：
自我武裝存瞋心，
麤細罪過皆違犯。

不護感官根門者，
（一切誓願皆）無益。
如同夢中得財富：
齋戒並且地上睡，
晨浴並習三吠陀，
陋居、破蓆與污穢；
詩歌、戒願與苦行，
僞善、諂曲與漱口。
此是梵志之標誌，
只爲增加名與利。

一心不亂善調伏，

清淨並且無雜染，

仁慈對待諸眾生，

此乃梵行之正道。

這群婆羅門少年聽完這席話後，既生氣又難過。他們回到老師魯醯遮那裡，說沙門大迦旃延「誹謗與藐視神聖的婆羅門詩歌」。魯醯遮在第一波怒氣平復後，了解自己不該只憑年輕人的片面之詞便遽下結論，他應親自向那名比丘求證，聆聽他的指控是否有理。

魯醯遮去找大迦旃延，詢問他和少年們的對話，長老據實以告，並覆誦該詩。魯醯遮被詩中守護感官的開示深深感動。討論結束後，這個婆羅門不只皈依三寶，並邀請長老蒞臨他家，保證「婆羅門少男、少女都會禮敬迦旃延大師；他們會恭敬地站立，並為他準備座位與茶水，這將會為他們帶來長遠的福祉與快樂。」

《增支部》的記載

大迦旃延尊者似乎善於洞悉人們吵架與爭執的緣由，我們已看到他在《蜜丸經》的解說中，如何追蹤衝突的根本原因，

以及他改變魯醯遮隨從弟子的技巧。

另一次(AN 2:4:6)，婆羅門阿藍摩檀陀(Ārāmadaṇḍa)來找他並問：「為什麼社會被如此激烈的衝突撕扯——貴族對抗貴族，婆羅門對抗婆羅門，長者對抗長者呢？」對此長老回答：「因為對於感官歡愉的欲求、執著、貪婪與迷戀，使得貴族對抗貴族，婆羅門對抗婆羅門，長者對抗長者。」接著阿藍摩檀陀問：「為什麼沙門會對抗沙門呢？」大迦旃延回答：「因為對於見解的欲求、執著、貪婪與迷戀，使得沙門對抗沙門。」

最後婆羅門問世上是否有任何人已超越感官與見解的欲求。雖然大迦旃延已是個阿羅漢，可舉自己為例，但基於個性上的謙虛與無我，他舉出當時住在舍衛城的世尊。聽聞此語，阿藍摩檀陀婆羅門雙膝跪地，恭敬合掌，連說三次：「禮敬世尊、阿羅漢、正等正覺者。」

在下一經(AN 2:4:7)之中，婆羅門甘陀羅衍那(Kaṇḍarāyana)指責大迦旃延對年長的婆羅門不恭敬。長老為自己辯護說，聖律法對「年長」與「年少」的定義和世俗用法不同。在聖律法中，即使一個人八十、九十甚至一百歲，卻還沈迷於欲樂中，則他將被視為幼者，而非長者。但如果一個人很年輕，頭髮烏黑，正值青春年少，已斷除欲愛，則他將被視為長者。

有一次，大迦旃延尊者為比丘們開示六隨念：憶念佛、法、僧、戒、施、天(AN 6:26)。他說，世尊發現這六隨念，做為仍然受困於世間者的解脫之道，真是太好同時也太妙了。他對六隨念的描述和佛陀對四念處的描述完全相同，它們是「使眾生清淨，超越愁悲，滅除苦憂，成就正道與證悟涅槃」的方法。①

另一次(AN 6:28)，一些長老比丘們正在討論去找「修意比丘」（manobhāvanīyo bhikkhu）的正確時機。有人說應在他結束用餐後，另一個說應在晚上，又有人爭辯說清晨才是和他說話的最佳時機。由於沒有共識，因此他們去找大迦旃延請求解答。長老回答，去找修心比丘有六個適當的時機。前五個是心被五蓋②──貪欲、瞋恚、昏眠③、掉悔④與疑──障蔽，無法自行找到出路時；第六個是當他找不到適合的禪觀對象以便達到漏盡⑤時。

大迦旃延尊者不總是以話語教導，他也會使用沈默。有一次，佛陀被他感動，並自說頌文(udāna)中讚美他，它就被保存在《自說經》中(Ud. 7:8)。有一晚，佛陀在舍衛國的祇園精舍，看見大迦旃延在附近「盤腿而坐，身體挺直，內心安住身念處中。」了解此事的重要，世尊自行說出這個讚頌：

彼常住於此身念：

「過去無則無有我；

將來無則我將無」，

若彼逐步住此上，

及時彼將斷貪愛。

《自說經註》對此經的解釋，有助於我們了解大迦旃延證得
阿羅漢果所採行的方法，雖然它和《增支部註》所發現傳略
的「頓悟」說相牴觸（見本書第二部‧第三章〈迦旃延的皈
依佛法〉），但顯得更加實際。

《自說經註》解釋，在他努力達到阿羅漢果的過程中，迦旃
延先以「身至念」(kāyagatā sati)⑥為禪修主題而入定。以該禪
定為基礎，接著將身念轉向「觀」(vipassanā)⑦，利用從修觀
生起的智見，證入出世間的道與果。陸續通過各次第，他終
於達到阿羅漢果。之後，他經常採用同樣的方法，以便進入
阿羅漢果定(arahattaphala-samāpatti)⑧，那是阿羅漢獨有的特
殊禪定，在其中於此世就能體會到涅槃之樂。

就在這種情況下，長老正處於阿羅漢果定中，此時佛陀看見
並自說偈頌讚歎他。佛陀所說的這個對句，註釋書解釋為
「四邊空」(catukoṭi-suññatā)：於過去與現在都「無我」與
「無我所」（「過去無則無有我」），以及於未來亦「無
我」與「無我所」（「將來無則我將無」）。藉由這首偈頌

來讚歎大迦旃延尊者，佛陀將他推舉為後代尋求克服世間貪
著者的模範。

譯註

① 佛陀在《大念處經》中說：「諸比丘！此是使眾生清淨，超越愁悲，滅除苦憂，成
就正道，證悟涅槃之唯一道路，此即四念處。」

② 「蓋」是指會阻止未生起的善法生起，以及使已生起的善法不能持久的心所。貪
欲、瞋恚、昏眠、掉悔與疑，即是會障礙禪定生起的五蓋。

③ 昏眠：昏眠是指昏沉與睡眠。昏沉是心的軟弱或沉重，睡眠是心所沉滯的狀態，因
為兩者都源於懶惰與昏昏欲睡，皆有使心、心所軟弱無力的作用，故合為昏眠蓋。

④ 掉悔：掉悔是指掉舉與惡作。掉舉是心的散亂，惡作是追悔已造之惡（或當行而未
行之善），因為兩者都源於困擾的念頭，皆有導致心、心所不寧靜的作用，故合為
掉悔蓋。

⑤ 漏盡：「漏」的原意是指膿瘡流出的膿，或已發酵許久的酒，將煩惱被稱為「漏」，
即是指它們如膿、如酒。欲漏是對欲樂（欲界）的貪；有漏是對存在（色界、無色
界）的貪；見漏是邪見；無明漏是指對三界的無明。斷除諸漏就稱為「漏盡」，即
是阿羅漢的境界。

⑥ 身至念(kāyagatā sati)：這是「身念處」業十四種禪修法之一，是將身體分成三十二
部分作為禪修的主題，前五項即是頭髮、體毛、指甲、牙齒、皮膚。修持時以厭惡
作意正念於身體各部的不淨，是止業處；若以四界（地、水、火、風）觀照，是觀
業處。修習此法能去除對五蘊的執著而獲得解脫，是佛教特有的修行方式。參見
《清淨道論》第八〈說隨念業處品〉與第十一〈說定品〉。

⑦ 觀(vipassanā)：音譯為「毘婆奢那」，意思是「從各種不同的方面照見」。「觀」
是直接照見一切現象都是無常、苦、無我的，從而獲得覺悟。

⑧ 阿羅漢果定(arahattaphala-samāpatti)：果定是聖弟子才能證入的出世間定，其所
緣是涅槃。證入果定的目的是當下得以體驗涅槃之樂。在這些定中，生起的是與聖
弟子證悟階段相等的果心，如阿羅漢能證入阿羅漢果定。

第七章

大迦旃延的偈頌

《長老偈》有八首偈頌歸於大迦旃延(Thag.494-501)。這些偈頌毫無例外都是以偈頌的形式，表達對比丘正確戒行，以及對在家眾實際建議的教導。雖然迦旃延對婆羅門魯醯遮所說的偈頌，實際上是教導的工具，但他似乎不同於其他幾位大弟子，如大迦葉、舍利弗與鵬耆舍等人具有豐沛的詩才，他擅長的領域是分析與註釋，而非鼓舞人心的辯才，或藝術性的創作。

勸誡比丘不應汲汲於利養

根據註釋書，前兩頌是對比丘們的規勸。有一天，長老注意到，許多比丘因為喜歡工作與群聚而拋棄禪修。此外，他們也太熱衷於在家信徒供養的美食。因而告誡他們：

> 少事少務遠人群，
> 不應汲汲於利養。

渴望貪求美味者，

錯失喜悅之目標。

由善信家獲得之，

此禮敬知爲泥沼。

深細之刺難拔除，

惡人難捨此尊崇。(Thag.494-495)

告誡猛光王應遠離惡業

其他六頌，再次根據註釋書，是對猛光王的告誡。這個國王據說信仰婆羅門與他們指示的犧牲儀禮，且喜怒無常，任意賞罰，因而獲得「猛光」的稱號。為了勸國王改掉這種鹵莽的行為，長老誦出以下四首偈頌：

凡夫之業成邪惡，

非由他人所造成。

爲己著想應離惡，

凡夫皆與業爲親。

非由他言成盜賊，

非由他言成聖者：
如同人知道自己，
天神也知道此人。

其他之人不了解，
吾等皆於此止息。
但彼智者了解此，
因而能平息紛爭。❶

智者如實而生活，
失去財富亦如是。
但彼缺乏智慧者，
雖富有卻未曾生。(Thag.496-499)

最後兩頌是，有一天國王來找他，告訴他前晚惡夢所見時，
長老說：

凡以耳根所聽聞，
凡以眼根所看見，
智者皆不應拒絕
一切所見與所聞。

具眼應如眼盲者，

具耳應如耳聾者，

具慧應如口啞者，

具力應如身弱者。

一旦目標達成時，

彼將可視死如歸。(Thag.500-501)

註釋書解釋這些偈頌的意義如下：一位智者不應拒絕任何事，而應先觀察善與惡，然後應拒絕一切應拒絕的，並接受一切可接受的事。因此，對於應拒絕的事，他雖然看見卻應如眼盲者；雖然聽見卻應如耳聾者；想說言不及義的話時，聰明善說者應如啞巴；對於不應做的事，勇士應如弱者。

最後兩行語意不清，在巴利經文中也是如此，註釋書將之分為兩方面解釋：一件該做的事發生時，他應觀察它且不忽略它，即使即將命終也一樣。另一方面，如果不該做的事發生，則他寧死也不願去做。這兩種解釋都有些牽強，對照《長老偈》的上下文意，似乎應該是：他應該做個達成目標者——阿羅漢，而光榮地死亡。

原註

❶ 此頌也出現在Dhp. 6中。

第八章

註釋書

在結束檢視大迦旃延尊者對佛陀教法的貢獻之前，我們應稍微提一下上座部傳統中，歸給他的兩部註釋書：《藏釋》(Peṭakopadesa)與《導論》(Nettippakaraṇa)，以及一部重要的巴利文法書——《迦旃延文法》(Kaccāyana-Vyākaraṇa)。這兩部註釋書並未納入巴利藏經中（緬甸版近年來才將它們併入經藏①），但它們對上座部註釋方法的發展，具有重大的影響。

《導論》——註釋者的指南

髻智(Nāṇamoli)比丘②曾將這兩部作品譯成英文，他認為《導論》是《藏釋》後來更精練的版本。❶兩者基本上都是處理相同的註釋方法，其中《導論》更為清晰與流暢。

設計這些方法的目的，是為了從佛陀多元的開示中，萃取出蘊藏其中的一致原則。它建立在一個假設上——大師根據聽眾性情與情況的眾多說法有個一致的體系，只要仔細觀察，便能從個別說法中萃取正確的註釋技巧，呈現出它樸實的本

質。《導論》的目的就是為了定義那個系統。

根據髻智比丘的解釋，《導論》本身並非註釋書，而是給註釋者看的指南。它本身對教法的解釋不多（除了範例之外），而是被拿來作為引出教法表相之下結構性元素的工具。它的方法學是建立在文句(byañjana)與義理(attha)的兩大標題下。

「文句」是由十六個「表達模式」(hāra)③ 構成，是字句與邏輯分析的技巧，可被運用在任何特殊段落，以萃取出語詞表述與邏輯架構背後的原則。

「義理」是由三個方法或「指導方針」(naya)④ 操作。它們以意義為教法的目的或目標（attha，此巴利語就是指「意義」與「目標」），即涅槃的成就，然後揭露所討論的教法，如何「表達」那個目標的成就。另外兩個方法⑤ 接著被提出來，以連繫經典術語⑥ 與解釋意義的方法。❷

這個方法被註疏者運用在各部藏經中的第一經，以特別補遺的方式，加在註疏的最重要部分。❸ 目前還存在著一部對《導論》的註疏，被歸為護法阿闍黎(Ācariya Dhammapāla)⑦ 所作。

關於作者的討論

《藏釋》與《導論》這兩部註釋書的末頁，都署名為佛陀弟

子大迦旃延所作。《導論》的末頁則進一步說它是經過世尊認可⑧，並在最初的結集中誦出。西方學者傾向於認為將作者歸為大迦旃延是無稽之談，然而髻智比丘在所譯《導論》的前言中則提出一個解釋，保留佛教傳統看法可信的部分，而非全盤否定。❹

髻智比丘提議，我們應將「註釋方法的作者」與「作品的作者」加以區分。他提出一個可能的假設——既無法證明，也無法否定——即長老大迦旃延與在阿槃提的傳承弟子，想出一套詮釋佛陀開示的簡明方法，這方法或至少它的元素，在早期結集中可能曾被討論過，並以粗略的形式口傳下來。往後，這方法可能發展成一本書，目的是整合它的各種元素，並闡釋它們在特殊經文中的應用，這本書最後就成了《藏釋》⑨。過了一段時間，也許幾百年後，一本更精練與清楚的書被寫成，它就是《導論》。

由於蘊含在這些書的原始方法學是出自大迦旃延尊者，或在某種程度上咸信是出自於他，編輯者出於對原創者的敬意，遂奉他為作者。馬拉拉塞奇羅(G. P. Malalasekera)⑩提出類似的假設，解釋巴利文法書的作者爭議，認為《迦旃延文法》是佛陀的大弟子所作。❺

髻智比丘與馬拉拉塞奇羅都承認這些提議只是推測，但在《導論》中所發現的經文解析，和歷史上大迦旃延對佛陀

「略說」的詮釋是一致的。因此，即使大長老與歸於他的古
巴利文論書並未有直接相關的證明，但它們含有他所代表的
精神，卻是不爭的事實。

這個精神在他對佛語解釋的經中，有如此明顯的記載，結合
敏銳的洞見與簡潔的表述，兼具精準的形式與深奧的意義。
佛陀就是基於這樣的技巧，稱他為「論議第一」者，而這也
正是他對佛陀教法的傑出貢獻。

原註

❶ 髻智比丘對這兩書的翻譯分別是 *The Piṭaka Disclosure*, PTS, 1964與 *The Guide, PTS, 1962*。

❷ 對於《導論》方法學的討論，見髻智比丘《導論》(*The Guide*)的序論。

❸ 關於《長部》第一經的《導論》分析的翻譯，見菩提比丘著，《包含一切見網經》(*The Discourse on the All-Embracing Net of Views*), BPS, 1978, 第三部。

❹ 《導論》(*The Guide*), pp. xxvi-xxviii。

❺ 馬拉拉塞奇羅(G. P. Malalasekera)著，《錫蘭的巴利文獻》(*The Pali Literature of Ceylon*, 1928年再刷，BPS, 1995), pp. 180-82。

譯註

① 緬甸將兩部註釋書與《彌蘭陀王問經》同樣收入《小部》之中。

② 髻智比丘(Ñāṇamoli, 1905-1960)：英國人，是一位傑出、極具盛譽的比丘學者。1949年在斯里蘭卡出家，精通巴利文、斯里蘭卡文與緬甸文，致力以英文翻譯、註釋巴利聖典。譯著有《清淨道論》(*Visuddhimagga*)、《中部尼柯耶》(*The Middle Length Discourses of the Buddha: A Translation of the Majjhima Nikaya*，由菩提比丘整理出版)、*A Pali-English Glossary of Buddhist Technical*與*The Life of* *the Buddha According to the Pali Canon*等書。

③ 十六個「表達模式」：（一）說示：樂味、過患、方便等的說示。（二）簡擇：問答前後順序等的簡擇。（三）應理：經典的境位、範圍的適與不適。（四）足處：對善惡、染淨諸法的直接原因。（五）特相：諸法的各特相。（六）四嚴：經典的因緣、語法、旨趣、脈絡。（七）引轉：求別的足處而引轉對治。（八）分別：分別法、足處、界地的共通別異。（九）回轉：依斷惡、修善等所說回轉於對治。（十）異語：異名同義語。（十一）施設：同一法有種種方便施設。（十二）深入：依蘊、處、界、根、諦、緣起的六種深入。（十三）清淨：於問答觀察其染淨。（十四）關說：由一異說明解釋。（十五）緣具：對染淨的種種因與緣等、十二緣起的說明。（十六）提舉：提舉開示、異語、詳說。

④ 三個方法：（一）歡喜引轉：以善法的止與觀，對治惡法的渴愛與無明，令得心解脫、慧解脫，令引轉為解脫的歡喜。（二）錫之打穀：使十八根本句結合於善根，打穀淨化，令得三解脫門。（三）師子遊戲：由信等諸根及無漏根等善法，引導諸顛倒煩惱，令得四聖果。

⑤ 兩個方法是：（一）四方眺望：對經典的說法中，此處、彼處所說的善與不善，以意眺望觀察。（二）鈎索：由四方眺望觀察後，將一切善、不善鈎索類集於十八根本句。這兩種方法是有助於上註三個方法的準備方便。

⑥ 經典術語：即指十八根本句。包括九不善根本：（一）無明；（二）渴愛；（三）貪；（四）瞋；（五）癡；（六）淨想；（七）樂想；（八）常想；（九）我想。以及對治不善根本的九善根本：（十）止；（十一）觀；（十二）無貪；（十三）無瞋；（十四）無癡；（十五）不淨想；（十六）苦想；（十七）無常想；（十八）無我想。由於觀察與分別善、惡的根本句，而讓人轉向理想的解脫，就是佛教的目的。

⑦ 護法阿闍黎(Ā cariya Dhammapāla)：「阿闍黎」之意即「軌範師」，能軌範吾人身心，導人正道者。護法大約是五至六世紀人，是次於大註釋家覺音論師的巴利註釋家。他的重要著作是關於《小部》的註釋，如《自說註》、《長老偈註》、《長老尼偈註》等，總名為《勝義燈》(Paramattadī panl)。

⑧ 《導論》的最後提到：「以上《導論》完了。此是由尊者大迦旃延所說，由世尊所隨喜，於根本結集時結集的。」後人研究《導論》應非大迦旃延所說，而是傳承本書的後人所加，此書大約成立於西元一世紀左右。

⑨ 《藏釋》係由八個章節所構成：（一）表明聖諦的初地；（二）教理發足的第二地；（三）經關說之第三地；（四）經簡擇之第四地；（五）範疇分別之第五地；（六）

經義集之地；（七）範疇適用之地；（八）可分別經之〔地〕。

⑩ 馬拉拉塞奇羅（G. P. Malalasekera）：曾任錫蘭大學院院長，以及駐英、俄國大使，為國際佛教知名學者。1950年，斯里蘭卡佛教徒成立「世界佛教徒聯誼會」(World Fellow-ship of Buddhists)，被推為首任主席。著有《錫蘭巴利文學》(*The Pali Literature of Ceylon*)，編集《巴利語專有名詞辭典》(*Dictionary of Pali Proper Names*)二巨冊，以及其他著作。他曾擔任重刊的《巴利三藏》與英文《佛教百科全書》的主編，對推動佛教國際宣傳有極大的貢獻。

第三部

從殺人魔到聖者之路
央掘摩羅

何慕斯・海克／撰

第一章

「指鬘」殺人魔

央掘摩羅(Aṅgulimāla)是佛教經典中最著名的角色之一。他從連續殺人魔轉變為清淨解脫阿羅漢的戲劇性故事,在佛教世界中家喻戶曉,產婦們幾乎都將他視為自己的守護聖者,相信他的祝福保護偈能確保順利生產。

佛陀經常警告弟子們,不要從外表與外在行為評斷他人;只有佛陀獨特的能力,才可能準確無誤地洞見別人內心。在央掘摩羅的例子中,佛陀洞見他具有在此世就能解脫的潛在能力,不僅解脫惡道轉世,更能是解脫一切無始輪迴之苦。

在基督教裡,也可看見個人道德徹底轉變的例子:在哥耳哥達(Golgatha)有「十字架上的賊」,耶穌承諾那個賊,那天會和他一起升天;[①]另外有土匪頭被聖方濟·亞西西(St. Francis of Assisi)[②]感化成為僧侶。像這樣的例子總能感動虔信者的心,但懷疑者則質疑這些改變如何發生,央掘摩羅的故事也許能解答這個問題。❶

婆羅門之子——阿辛薩迦

在佛陀的時代，有個博學的婆羅門跋伽婆・伽伽(Bhaggavā
Gagga)，是拘薩羅國波斯匿王的國師，也是王國中地位最高
者之一。某夜，妻子曼多耶尼(Mantāni)生下一子，他為兒子
占星，結果驚訝地發現兒子生在「強盜星宿」下，表示這男
孩有犯罪的傾向。我們不難想像，這位父親對於這個意外與
令人震驚的天啟，將有如何的感受。

一大早，婆羅門一如往常地來到宮中，問國王睡得如何。

「我怎麼可能睡得好？」國王回答：「我夜裡醒來看見床尾
的寶劍閃閃發光，嚇得再也無法入睡。這是否意味著王國或
我會有危險呢？」

婆羅們說：「國王！別害怕。全城都出現同樣奇怪的現象，
那和您無關。昨晚我妻子生了一個兒子，他的星象很不幸地
竟有強盜星宿，一定是此事使寶劍發光。」

「他會成為獨行大盜或群匪之首嗎？」

「陛下！他會是個獨行者。我們是否現在就殺了他，以杜絕
後患呢？」

「老師！既然他只是個獨行者，就將他扶養成人，並加以循
循善誘，也許能改變他的兇惡習性。」

這男孩取名為「阿辛薩迦」(Ahiṃsaka)，意思是「無害」，希

望他牢記在心，朝這理想去努力。他長大後，強壯有力，但也端正聰明，很用功學習。因此，父母親認為他的兇惡習性，可能因教育與家裡的宗教氣氛而被潛移默化了，這當然令他們感到高興。

老師教唆阿辛薩迦殺人

時候一到，父親便將他送往古代印度著名的大學——德迦尸羅(Takkasilā)，接受更高的教育。那所高等學府的首席教師接納了他，而他仍是那麼勤奮好學，故能領先群倫。同時，他忠實與謙虛地服侍老師，因此很快就成為老師最鍾愛的學生，甚至在老師家用餐，這讓同學們又怨又妒。

他們私下討論這問題：「那個年輕的阿辛薩迦一來，我們幾乎都被遺忘了。我們一定要阻止此事，讓他和老師決裂。」但是要誹謗他並不容易，因為他既用功又表現優良，而且出身高貴，所以並無機會詆毀他。他們心想：「我們必須讓老師疏遠他，並因而決裂。」因此，他們決定分三組輪流去找老師。

第一組學生向老師說：「我們聽到一些和您有關的傳言。」「親愛的，什麼事？」「我們認為阿辛薩迦密謀對付您。」老師聽完之後，生氣地斥責他們：「走開，你們這些卑鄙的

小人！別想造成我和我兒子不和！」一段時間之後，第二組學生又同樣這麼對他說。然後又來了第三組人，他們增加一句：「如果老師不相信我們，可以親自去調查。」

懷疑的毒種終於在老師心裡生根，他逐漸相信身心勇猛的阿辛薩迦，真的想要陷害他。一旦心生懷疑，人們永遠能找到一些似乎符合它的事，最後懷疑終於演變成相信，他心想：「我應殺了他，否則就會被他殺死。」但之後他想到：「要殺死這麼強壯的人並不容易；此外，如果他以我的學生身分死在這裡，將有損我的名譽，學生可能因此不會再來找我。我必須想其他的辦法，來除掉與懲罰他。」

剛好不久之後，阿辛薩迦即將結束學習課程準備回家。這時老師找他來並說：「親愛的阿辛薩迦！對於一個完成學業的人來說，有必要致贈一份謝禮給老師，你也不能例外。」「當然，大師！我應該送什麼呢？」「你必須拿一千個人的右手小指給我。這是你的結業儀式，以此向你所學得的知識致敬。」老師可能預期阿辛薩迦在試圖如此做時，若非自己被殺死，就是會被逮捕與處死。或許老師曾為阿辛薩迦占過星象，了解他潛伏的兇惡習性，如今試圖將它激發出來。

面對這種偏激的要求，阿辛薩迦先是大叫：「啊，上師！我怎麼能那麼做？我的家庭從來不曾使用暴力，他們都是無害之人。」「嗯，如果這門學科未得到應得的禮敬儀式，它對

你就毫無益處。」因此，在一番勸說之後，阿辛薩迦終於答應，禮敬老師後便離開了。

前世的黑暗力量

上述所參考的經典來源，並未告訴我們是什麼更有力的聲明讓阿辛薩迦終於信服，願意接受老師這可怕的要求。其中一個可能的動機是，他相信毫不懷疑地服從上師是弟子的第一要務，這反映了他早年奉行的重要原則。但這個決定背後的更大因素，可能是他的兇惡習性。他老師的話可能隱約喚醒他生命中的另外一面，他也許將此視為男子氣概的挑戰。

根據傳統記載，阿辛薩迦的前世之中，有一次曾經是夜叉(yakka)③，他使用超能力殺害人類，以滿足嗜吃人肉的欲望。他所有記載於《本生經》中的前世，有兩大特色：他身體的力量與他的缺乏悲心。這次是他過去傳承的黑暗闖進此世，覆蓋了早年的善良特質。

因此，阿辛薩迦對老師要求的最後反應，完全未想到另一個選項：去印度的亂葬崗收集屍體的手指。反之他全副武裝，帶著一把大刀，進入故鄉拘薩羅國闍里尼（Jālini，意譯為有網、欲纏）的叢林中，他住在一個高崖上，以便俯視崖下的道路。當他看見行人接近時，便下崖來殺死他們，並割下每

個受害者的手指。起初他把手指吊在樹上，但鳥飛來吃肉後丟下骨頭，他看見骨頭在地上腐爛，於是便將指骨像花鬘一般地串了起來。從那時起，他便得到一個外號——央掘摩羅(Aṅgulimāla)，意思是「指鬘」。

原註

❶ 央掘摩羅故事的最初出處是《央掘摩羅經》(Aṅgulimāla Sutta, MN 86)，其餘的資料則是來自《中部註》(MN Comy.)與《長老偈註》(Thag. Comy.)。在此引用的《央掘摩羅經》是來自Middle Length Discourses of the Buddha, pp. 710-17，這也包括《長老偈》第871-886偈的譯文，這些偈頌也同時出現在《中部》。

譯註

① 哥耳哥達(Golgatha)是昔日耶路撒冷城外一個充當刑場的小丘，亦即耶穌被釘十字架之處。聖經上說，當耶穌被釘在十字架時，有兩個賊也分別被釘在左、右兩邊。其中有個賊諷刺、挖苦他，另一個賊則承認他們該受懲罰，且說耶穌並未作過一件錯事。他對耶穌說：「耶穌啊！你的國降臨時，求你紀念我。」耶穌對他說：「今日你要同我在樂園裡了。」
② 聖方濟(St. Francis of Assisi, 1182-1226)：是義大利傳教者、宗教改革者。一生乞食自給，混在流浪漢、痲瘋病人之間，穿草鞋徒步各地傳教，實踐耶穌的博愛精神。他所建立的「方濟會」(Franciscans)是中世紀最大的教會之一。他的處世格言是：「將你的一切分給窮人換取天上的財富」。
③ 夜叉(yakka)：半人半神的鬼類。

第二章

幡然醒悟

徘徊在無間地獄的邊緣

由於央掘摩羅持續發動血腥攻擊，因此人們避開森林，很快就沒有人敢去那裡，連撿柴的人也不敢去。央掘摩羅如今必須前往村莊外圍，躲在暗處攻擊路人，割下他們的手指串起來掛在脖子上。他甚至在晚上進入村裡，殺害居民，就只為了取得他們的手指。

他在好幾個村莊行兇，由於沒有人能擋得住央掘摩羅的蠻力，因此人們紛紛棄家遠逃，村莊也因而荒蕪。無家可歸的村民都逃往舍衛城，在城外紮營，並到皇宮向波斯匿王哭訴他們的困境。國王了解必須毅然採取行動，他擊鼓昭告天下：「必須儘速逮捕大盜央掘摩羅，號令軍隊準備出發！」

顯然無人知曉央掘摩羅的真實姓名與家世，但他母親直覺那一定就是阿辛薩迦，他一直都未從德迦尸羅回家。因此，當她聽到公告時，幾乎確定那就是她的兒子，他已落入命中註定的邪道。

她去找丈夫婆羅門跋伽婆，並說：「那個可怕的匪徒一定是我們的兒子！如今軍隊已經要出發去逮捕他。親愛的，請去找他吧！勸他改邪歸正，並帶他回家。否則，國王將會殺死他。」但婆羅門回答：「我拿這種兒子沒辦法，國王想怎麼樣就隨他去做吧！」然而母親的心是柔軟的，出於對兒子的愛，她獨自出發前往傳聞央掘摩羅躲藏的森林地區。她想警告他並拯救他，懇求他放下屠刀和她回去。

那時，央掘摩羅已收集了九百九十九根手指，只差一根就完成老師所設定一千指的目標。為了完成使命，他很可能會殺死自己的母親，她如今已經距離他愈來愈近。但弒母是五逆罪之一，會立即墮入無間地獄①。因此，在懵懂無知的情況下，央掘摩羅已徘徊在地獄的邊緣。

佛陀的拯救

此時，正是佛陀教學生涯的第十二年，大師以大悲心觀照世間，了解央掘摩羅的情況。對佛陀而言，以宿命通來看，這個人並不陌生。他們曾在多世相遇，菩薩總是以心的力量戰勝央掘摩羅身的力量。有一次，央掘摩羅甚至曾作過菩薩的叔叔(Jāt. 513)。

如今，他們的生命又再次交會，佛陀看見央掘摩羅所面臨的

大難，他毫不遲疑地立即趕三十哩路去救他，使他免於陷入這場無可挽回的劫難。

《央掘摩羅經》(MN 86)說：

> 牧牛人、牧羊人與農人路過，看見世尊正往央掘摩羅的方向走去，紛紛告訴他：「別走那條路，沙門！前方有個殺人不眨眼的大盜央掘摩羅，既兇狠又殘忍，對眾生全無憐憫之心。許多村莊、城市與地區都因為他而荒蕪。他連續殺人，並將他們的手指割下做成花鬘戴在身上。人們以十人、二十人、三十人甚至四十人一隊的方式走在這條路上，但都還是難逃央掘摩羅的毒手。」聽完之後，世尊繼續默默前進，儘管那些人接二連三地警告他，但世尊依然默默前行。

央掘摩羅遠遠地看見母親走來，雖然他認得她，但他的心已完全沈浸在冷酷無情的暴行中，因此他還是想殺了這個將他帶來世間的女人，以完成第一千根手指。就在此時，佛陀出現在路上，介於央掘摩羅與他的母親之間，央掘摩羅心想：「既然還有其他人，我為什麼要殺害母親來取手指呢？就讓她活著，我將殺了這個沙門，並割下他的手指。」這部經典繼續說：

央掘摩羅拿起刀與盾，扣上弓與箭，緊跟在世尊身後。此時世尊運起神通，以致於大盜央掘摩羅無論走得多快，都追不到以正常步伐行走的世尊。於是大盜央掘摩羅心想：「太奇妙了！真不可思議！以前我甚至能追上狂奔的大象，並捉住牠；我甚至能追上疾馳的馬，並捉住牠；我甚至能追上急駛的戰車，並捉住它；我甚至能追上快跑的鹿，並捉住牠。但如今，無論我走得多快，卻都趕不上這個以正常步伐行走的沙門。」他停下來，呼叫世尊：「停止，沙門！停止，沙門！」

「我已經停止，央掘摩羅；你也應該停止。」

這時大盜央掘摩羅心想：「這些沙門，那個釋迦族後裔的追隨者，說實語與擁護實語；但這個沙門明明正在走路，他卻說：『我已經停止，央掘摩羅；你也應該停止。』也許我應該問問這個沙門？」

於是他以偈頌對世尊說：

「你在走卻叫我停；
而我已停你卻說我未停。
我現問你，
沙門，這是何意義：
為何你停我未停？」

世尊回答：

「央掘摩羅我永息，
我已對眾生斷惡；
你對有情卻未止：
故說我停你未停。」

幡然醒悟，出家修道

當央掘摩羅聽到這些話時，他的內心出現第二次且更大的變化。這幾年來長期被冷酷無情壓抑住的高貴與清淨心流，瞬間決堤湧出。他了解眼前的沙門並非普通比丘，而是世尊本人，而他也直覺地知道，大師前來森林，完全是為了將他拉出即將墜入的無底痛苦深淵。他內心深受感動，拋下武器，發願洗心革面：

「終於此沙門聖者，
因我之故來叢林。
聞你對我說法偈，
我將真實永斷惡。」

言畢大盜將刀箭拋入山崖溝壑中；
大盜頂禮佛雙足，
遂於當下求出家。

佛陀大悲之聖者，
世間與諸天導師，
對彼說「善來，比丘」，
彼即如是成比丘。

雖然傳統經典並未描寫導致央掘摩羅徹底轉變的心理因素，
但我們可以推測，佛陀出現在他面前，讓他瞬間看見自己此
生捲入的無邊痛苦，以及惡業在未來會結成更痛苦的果報。
他一定了解到，自己已成為愚昧無知的受害者；也一定很清
楚地知道，能幫助自己脫離黑暗陰影的唯一方法，是徹底斬
斷輪迴與痛苦的根。
由於了解繼續生活在這世間是沒有希望的，他必須戰勝煩
惱，才有可能從世間究竟解脫。要完全放下這一切，唯有出
家進入僧團，成為佛陀——他的救護與皈依者——的法子。

婉拒波斯匿王的供養

不久之後，佛陀和一大群比丘，以及隨侍的央掘摩羅比丘，出發遊行前往央掘摩羅的故鄉舍衛城，分批抵達那裡。然而，舍衛城的人民還不知道央掘摩羅的大轉變，他們抱怨國王延遲派軍追捕這個大盜。於是波斯匿王親自帶領精銳大軍，出發前往央掘摩羅出沒的閣里尼森林。途中他經過祇園精舍，佛陀正好抵達那裡。由於多年來他一直是佛陀的虔誠弟子，因此他中途暫停去向大師禮敬。

佛陀看見軍隊，問波斯匿王是否遭受鄰國攻擊，準備要去打仗。國王回答不是要去打仗，而是要帶領軍隊去追捕殺人魔央掘摩羅。「但是，」他憂心地補充說：「我永遠也不可能除掉他。」

然後世尊說：「大王！如果你看見央掘摩羅剔除鬚髮，穿上袈裟，離俗出家；看見他戒殺，戒不與取，戒妄語；看見他晚上不進食，唯有日中一食，並且獨身、正直與善良。如果你看見他如此，會如何對待他呢？」

「尊者！我們會禮敬他，或為他起立，或請他入座，或請他接受比丘的四種資具，且會為他安排妥善的保護與防衛措施。但是，尊者！他是個無惡不作者，怎麼可能有這些戒德呢？」

於是大師伸出右手，對波斯匿王說：「大王！此人就是央掘
摩羅。」

國王大感震驚與恐懼，寒毛直豎，完全失去鎮靜，因為央掘
魔羅是如此聲名狼藉。但是佛陀說：「別害怕，大王！沒有
什麼好怕的。」

當國王恢復平靜後，便走向央掘摩羅尊者，問他父母親的族
姓，因為他心想對比丘直呼那可怕的外號似乎不妥。當聽到
他父親是伽伽，母親是曼多耶尼時，驚訝地發現央掘摩羅正
是國師的兒子，他還清楚記得他出生時的異相。

佛陀能將這個兇殘者轉變為和合僧，令他深受感動。於是國
王施予一切比丘所需資具，包括衣服、食物、住所與醫藥，
贊助這位「高貴的伽伽·曼多耶尼子」。但央掘摩羅自願遵
守四種頭陀行(dhutaṅga)：樹下住、托缽乞食、著糞掃衣、只
持有三衣。因此他回答：「我擁有的已經足夠，大王！我的
三衣齊全。」

然後波斯匿王再轉向佛陀，大聲地說：「太好了，尊者！真
是不可思議，世尊竟然能調伏難調伏者，撫平不平靜者，安
定不安定者。我們以懲罰與武器無法調伏的這個人，世尊無
須懲罰與武器便已將他調伏。」

堅持托缽乞食

當央掘摩羅出外托缽時，人們害怕地跑開並關上門。他從舍衛城外開始托缽時便是如此，原本希望在城裡比較不會那麼顯眼，不過轉到那裡也一樣。在托缽時，他連一匙食物或一杓稀飯都無法乞得。

律藏(1:74)記載，有些人看見央掘摩羅穿著僧袍，便憎惡地說：「這些沙門、釋氏比丘，剃度了一個惡名昭彰的罪犯！」聽聞此言的比丘們去向佛陀說，於是便制定了一條戒：「諸比丘！不得令強盜出家，令出家著墮惡作(dukkaṭa)②。」佛陀知道，雖然他自己能察覺罪犯的潛在優點，但後人可能沒有能力或威信能獲得這種了解。接受罪犯可能會導致未悔改者以僧團為掩護，逃避追捕或刑罰。

少數人因相信佛陀的判斷而改變態度，在央掘摩羅前來托缽時布施食物給他，但多數人仍充滿敵意。雖然央掘摩羅了解，在家鄉托缽非常困難，但他仍將此視為一種義務，堅持修行。

譯註

① 無間 (avīci)：音譯作「阿鼻」，凡造五逆罪之一者，死後必墮於此，受無間苦。「無間之」義為：（一）趣果無間：命終直接墮此獄中，無有間隔。（二）受苦無間：直至罪畢出獄，其間所受之苦無有間斷。（三）時無間：一劫之間，相續而無間

斷。（四）命無間：一劫之間，壽命無間斷。（五）身形無間，地獄縱橫八萬四千由旬，身形遍滿其中而無間隙。

② 惡作 (dukkata)：音譯為「突吉羅」，是戒律中最輕等級的違犯，戒條數量很多，犯者於心中懺悔即可。

第三章

「生在聖者家族」

實語誓言助女人順產

有一次，央掘摩羅在托缽時，看見一個女人難產。他的悲心油然而生，心想：「眾生真苦！他們真苦！」他回到寺院向世尊報告此事，世尊對他說：「央掘摩羅！你進舍衛城去對那個女人說：『姐妹！從我出生，回想起來，我從不曾蓄意殺生。藉由這個事實，願妳順利，並願妳的嬰兒平安！』」

但央掘摩羅質疑：「世尊！我如果那麼說，豈不是妄語嗎？因為我以前曾蓄意殺生。」

「那麼央掘摩羅，對那個女人說：『姐妹！從我生在聖者家族，回想起來，我從不曾蓄意殺生。藉由這個事實，願妳順利，並且願妳的嬰兒平安！』」

央掘摩羅之前對那個女人說過會再回來，因此人們在女人房間裝上帘子，在帘子的另一邊擺了張椅子要給比丘坐。當央掘摩羅抵達那個女人家時，他作了佛陀所教的「實語誓言」。

他的話確實是真的，因為當佛陀為他剃度時，成為比丘的他就已在聖者家族出生，那是精神上的重生。這個心靈的轉化使他有力量助人與治療，這力量比他從前傷害與破壞的力量更強大。就這樣，透過他誓言的力量，母子都很平安。

佛陀為何指導央掘摩羅使用實語力量？

通常，佛陀不會從事「起死回生」或「心靈治療」，他知道那些重新活過來的人有一天還是會死。當他教導眾生無死實相與獲得它的方法時，他顯示了更大的慈悲。但為何佛陀在央掘摩羅的例子中要破例，指導他為了治療的目的而使用實語的力量呢？以下是古代老師們的反省，記載在《央掘摩羅經》的註釋書中：

> 有些人可能會問：「世尊為何要讓一個比丘去做醫生的工作呢？」對此我們回答：佛陀不是做那種事，如實行並非醫療行為，那是在反省過自己的德行後所作的。世尊知道央掘摩羅一直都無法乞得食物，因為人們害怕他，看見他就趕快跑開。在那種情況下，為了幫助他，他讓央掘摩羅展現如實行。如此一來人們會想：「生起慈心之後，如今長老央掘摩羅藉由如實行，可以為人們帶來平安。」他們

不會再怕他。這樣央掘摩羅才能乞得食物，才有能力去做比丘的分內之事。

在此之前，央掘摩羅一直都無法將心專注在他基本的禪修主題上。雖然他日夜修行，但眼前總會出現過去在叢林中殺人的畫面。他聽到他們的哀號：「讓我活下去，我的主人！我是個窮人，有許多小孩要撫養！」他看見他們因為害怕而手腳慌亂。當他面對這些記憶時，深切的自責緊緊抓住他，令他坐立難安。因此，世尊讓他對自己的心靈重生展現這項如實行。他想要讓央掘摩羅知道他「生」為比丘是一件非常特別的事，以便激勵他，增強他的智見而達到阿羅漢果。

事後證明此事對央掘摩羅幫助很大，而他也不負佛陀所託完成使命，以這個最佳方式表達對佛陀的感激：

不久以後，獨居、退隱、精進與堅定，央掘摩羅尊者以觀智親自證悟，當下進入與安住於最高聖果上，由此完成聖弟子出家的目的。他自知：「此生已盡，梵行已立，所作皆辦，不受後有。」央掘摩羅成為一位阿羅漢。

承受因果業報

最後，他完全契合最早的名字阿辛薩迦——無害者。由於上次難產女人的事，多數人對他的內在轉化已有信心，因此當他在舍衛城托缽乞食時，已不乏支持者。然而，少數心懷怨恨者，仍無法忘記央掘摩羅大盜應為他們的親人之死負責。由於無法透過法律來報復，他們遂私下在央掘摩羅行腳托缽時，以棍棒與石塊攻擊他。他們的襲擊一定很粗暴，因為當他回到佛陀身邊之時已遍體鱗傷，頭上鮮血直流，缽被擊碎，外衣也被撕破了。「忍耐，梵志①！忍耐，梵志！你如今所受的報應，原來可能得在地獄中被折磨數年、數百年或數千年。」

身為阿羅漢，央掘摩羅的心意堅定不動；但他的身體——往昔的業果與象徵，仍受到先前惡行的影響。即使佛陀本人，由於前世的業報，手（譯按：或是腳）也被邪惡的堂弟提婆達多(Devadatta)弄成輕傷。②兩位大弟子的身體也被施暴：舍利弗的頭被夜叉擊打，而目犍連則遭殘忍謀殺。③如果連這三位大人物都無法免除身體的傷害，此世造了那麼多惡業的央掘摩羅，又如何能逃脫這種命運呢？

然而，受打擊的只是他的身體而非心，身為阿羅漢的他，心依然安穩，無須他人的安慰或鼓勵。因此，佛陀的話應被理

解為一種提醒，提醒他仍必須承受相續的因果業報，但他內心的轉化將能大幅改善它。

譯註

① 梵志：是指志求生於梵天者、在家的婆羅門或一切外道出家人。有時佛陀借用也指阿羅漢，《增一阿含經》中說：「無欲無恚者，去愚無有癡，漏盡阿羅漢，是謂名梵志。」

② 提婆達多因為想作「新佛」、立「新教」，曾推石下山要壓死佛陀，卻被佛陀閃身躲過，只傷了腳。後來又在路上埋伏二頭瘋象殺害佛陀，但佛陀制伏了牠們。經律上一致記載，提婆達多造成僧團的分裂，命終墮入大地獄中。

③ 舍利弗有次坐在曠野中禪修，一個夜叉惡意地在他頭上狠狠地打了一下，但由於他正進入深定中，所以並未感到痛苦。目犍連因度化很多信徒，而遭外道憎恨，唆使匪徒謀殺，這是源於他過去世曾殺害父母所造的可怕惡業。詳見巴利佛典【佛陀的聖弟子傳】(1)《佛法大將舍利弗・神通大師目犍連》，頁115-117與頁230-234。

第四章

央掘摩羅的偈頌

除了在下述《長老偈》中他自己的說法外，關於央掘摩羅的
晚年並無其他記載。❶這些偈頌告訴我們，他獨自住在諸如
森林、洞穴與山上等偏僻處，他終於在生命中作出了正確的
選擇，喜悅地度過他的日子。

有人曾放逸，改過勤修行：
好似出雲月，世界放光明。(Thag. 871)

有人曾作惡，從善欲挽回：
好似出雲月，世界放光明。(Thag. 872)

比丘尚年輕，修習佛教法：
好似出雲月，世界放光明。(Thag. 873)

願敵諦聽法，願彼信佛法：
願敵近善友，親近說法人。❷(Thag. 874)

願敵常諦聽，彼宣忍辱法：
樂聞慈和音，奉行慈和法。(Thag. 875)

我敵不害我，也不害他人：
護強弱眾生，令彼達安穩。(Thag. 876)

水工引水流，箭工造箭直：
木工彎木材，智者調其心。(Thag. 877)

調伏以鉤鞭，或以棍與杖：
然調伏我者，手中無鞭棍。(Thag. 878)

我雖名「無害」，往昔甚危險：
今名實相符：不害諸眾生。(Thag. 879)

昔日爲盜匪，人皆稱「指鬘」：
得度越瀑流，我才皈依佛。(Thag. 880)

昔日手染血，人皆稱「指鬘」：
我見皈依處，心斷除結使。(Thag. 881)

品劣行諸惡，將墮入惡趣；
而今無欠債，平靜用飯食。(Thag. 882)

無智癡愚輩，沉迷於放逸；
智者重精進，護德如財寶。(Thag. 883)

切莫行放逸，亦莫嗜欲樂；
精進禪修者，得無上之樂。(Thag. 884)

抉擇願樂住，彼並非惡作；
於所知諸法，吾已達最勝。(Thag. 885)

抉擇願樂住，彼並非惡作；
吾已達三明，完成佛所教。(Thag. 886)

昔住樹林下，或住山洞中，
無論往何處，吾心總不安。(Thag. 887)

今安樂作息，歡喜度此生。
解脫魔陷阱，得吾師恩賜。(Thag. 888)

昔吾梵志種，高淨雙親生：

今吾世尊子，法王爲吾師。(Thag. 889)

持戒護根門，斷貪離繫縛：

苦根已吐出，達到諸漏盡。(Thag. 890)

善服侍大師，佛囑皆完成：

重擔已放下，不復受後有。(Thag. 891)

原註

❶ 871-872偈相當於《法句經》172-173頌；873偈相當於《法句經》382頌；877偈
相當於《法句經》80頌；883-884偈相當於《法句經》26-27頌（有些微差異）。

❷ 註釋書說，央掘摩羅是在托缽受傷之後，說874-876偈。

第四部

七度出家成為阿羅漢

質多比丘

何慕斯・海克／撰

第一章

六度出家與還俗

無法過苦行的生活而還俗

質多（Citta）比丘是個馴象師的兒子。他小時候遇見過一位
老比丘，他正托缽乞食回來，缽中有樣非常美味的食物。老
比丘對它並無貪欲，便將它給了小男孩。質多非常高興，便
加入僧團，以為成為比丘之後，每天無須工作謀生，就會有
人供養美食。然而，出於這樣的動機，根本不可能過苦行的
生活，不久之後他就脫下僧袍還俗了。

但聖僧伽的精神，仍在他心中留下深刻且難以抹滅的印象，
他很快地就對在家生活感到不滿，並要求再次出家。出家之
後，過了一段時間他又再度還俗。這種情況又發生了第三、
第四與第五次，之後他結婚了。

結婚後的有天晚上，他輾轉難眠，看著正在熟睡的懷孕妻
子，欲樂的悲哀強烈生起，他立即抓起黃色衣袍跑向寺院。
在靜夜的路上，先前出家所種下的所有善種頓時展現，他當
下便證得入流果。

第六度出家

然而在寺裡，從前的同修比丘們才剛取得共識，拒絕質多可能的第六次出家。他們覺得已對他夠容忍，並認為他是僧團的恥辱，完全不適合梵行。就在他們如此商議時，卻看見質多走來，臉上泛發光采，帶著一種嶄新的喜悅，舉止平靜祥和，這使他們無法拒絕他再度出家。這次，他很快就成功地達到四種禪定與無相三昧①。

這使他充滿喜悅，覺得很想將自己的成功對別人說。有一次，一些阿羅漢聚會談話，質多一再地打斷他們。聚會的長老比丘摩訶俱絺羅(Mahākoṭṭhita)尊者②，建議他等到長老們都結束必須的談話後再說。質多的朋友們卻認為他不應受到責備，因為他有智慧，且能從自己的經驗解釋佛法。

俱絺羅預見質多第六度還俗

摩訶俱絺羅說他可以看見質多的心，然後繼續舉例解釋，有些心的狀態只要持續可能很好，但仍無法避免比丘再次還俗，他以幾個譬喻來說明這點。一隻牛被拴在牛棚似乎很平靜，一旦鬆脫，牠立刻就會踐踏農作物。同樣地，一個比丘在大師或聖僧面前，可能很謙虛並表現良好，但離開之後獨

自一人，就很容易故態復萌並離開僧團。

再者，人可能擁有四種禪定與無相三昧，只要禪定持續就很安全，但是一旦他禪悅消失走入人群，由於多嘴與不自制，驕傲地誇示自己的成就，心會變得充滿貪欲，並放棄出家修行。他在禪定中可能覺得安全，但正是此事導致他崩潰。當國王與軍隊，伴隨鼓聲與馬車駐紮林中時，沒有人會聽到蟋蟀的叫聲，每個人可能都以為牠們很安靜；但當軍隊離開後，蟋蟀聲就能再次輕易地被聽到，即使人們以前相當確定那裡並無蟋蟀(AN 6:60)。

之後，質多果真第六度還俗。於是他的比丘朋友們問摩訶俱絺羅尊者，是他自己預見質多會如此做，或是天神告訴他的，他回答兩者都是。在驚訝中，那些朋友去找佛陀說明這件事。世尊告訴他們質多很快地就會回來，以此來解除他們的疑慮。

第七度出家，成為阿羅漢

有一天，質多由外道的遊方行者布吒波陀(Poṭṭhapāda)陪同去看佛陀。布吒波陀提出一些關於三界中不同生起模式的深奧問題。

質多接著進一步問這些存有形式之間的差異，因為經歷過禪

定之後，他熟悉其中一些境界。世尊的回答完全滿足他們，因此他請求第七度加入僧團，後來證明這是最後一次。佛陀同意他，在很短的時間之內，質多也成為阿羅漢(DN 9)。

譯註

① 「無相三昧」即三解脫門之一的「無相解脫門」，是透過思惟無常，而了知一切法的自相都不可得，實相即無相，是空相、寂滅相，而獲解脫。其他兩個解脫門分別是：「空解脫門」──思惟無我，了達諸法本空，而獲解脫；「無願解脫門」──思惟苦，了知諸法幻有，而無所願求。

② 摩訶俱絺羅(Mahākoṭṭhita)：舍利弗的舅父，未出家前即長爪梵志。為將舍利弗帶回家而和佛陀辯論，佛問他以何為宗，他回答「一切法不受」，佛再問：「一切法不受的見解你受不受？」俱絺羅自知理屈，而求出家，得阿羅漢果，是佛弟子中「答問第一」。

第二章

多次出家的前世因緣

勸人還俗的惡行

《長部註》告訴我們，質多比丘為什麼在最後一世證得阿羅漢果之前，必須還俗那麼多次。在很久、很久以前，迦葉佛傳法時，有兩個朋友加入僧團。

其中一人受不了比丘生活的艱苦，想要還俗回家。他的朋友鼓勵他還俗，以此來滿足自己的優越感，這個醜惡的動機，在很晚之後的喬達摩佛時結果。它導致這個惡友——如今的質多比丘，經歷至少六次的還俗羞辱，且必須請求重新加入僧團。❶

因果不滅的法則

這顯示出，有些業如此強烈，果報也難以抵擋，只能以忍耐與了解來度過。但由於我們不知自己生活中的某些影響，是否是這種業的結果，或如果正是它們，它們還要多久才可能

耗盡，這使我們有必要努力來加以對抗。撇開其他一切不
談，這種努力是有其價值的，雖然在此世它可能顯得無效，
但最後它仍會帶來善果，因果不滅的法則確保任何努力都不
會白費。

和別處一樣，佛法在此鼓勵我們，要勇於面對每個宿命論的
形式——最令人萎靡不振與氣餒的人生觀——即使在它最微
妙的偽裝情況下。它鼓勵我們勇敢地從失敗中站起來，且隨
時準備再次嘗試。

無論多麼挫折——在對抗渴愛與無明戰場上，痛苦與心碎的
挫敗，真正的佛弟子永遠不會承認任何挫敗是最後的。就如
身經百戰的戰士般，我們必須準備失去每一場戰役，除了最
後一個之外，堅信只要努力不懈，最後的勝利一定會屬於我
們的。

原註

❶ 《長部註》（針對DN 9）。

【附錄】

《佛陀的聖弟子傳》各冊文章的原作出處

〈佛法大將：舍利弗〉，向智長老撰。初次發行名稱為〈舍利佛傳〉，佛教出版協會《法輪叢刊》，第90/92號(1966)。

〈論議第一：迦旃延〉，菩提比丘撰。初次發行為佛教出版協會《法輪叢刊》，第405/406號(1995)。

以下傳記皆由何慕斯・海克撰，從德文譯成英文：

〈神通大師：目犍連〉，向智長老譯。初次發行名稱為《大目犍連》，佛教出版協會《法輪叢刊》，第263/264號(1979)。

〈僧伽之父：大迦葉〉，向智長老修訂與擴增翻譯。初次發行為佛教出版協會《法輪叢刊》，第345號(1987)。

〈佛法司庫：阿難〉，愷瑪(Khemā)尼師翻譯。初次發行為佛教出版協會法《法輪叢刊》，第273/274號(1980)。

〈天眼第一：阿那律〉，向智長老修訂與擴增翻譯。初次發行為佛教出版協會《法輪叢刊》，第362號(1989)。

〈佛陀的偉大女弟子〉，愷瑪尼師翻譯。初次發行名稱為〈佛陀時代的佛教婦女〉(*Buddhist Women at the Time of the*

Buddha)，佛教出版協會《法輪叢刊》，第292/293號(1982)。
接下來的故事是本書新增的：〈佛陀的第一女施主：毘舍
佉〉（佛瑞嘉德‧羅特摩瑟Friedgard Lottermoser翻譯，菩提
比丘增編）；〈慷慨的交際花：菴婆波利〉、〈師利摩與鬱
多羅〉與〈伊師達悉：結束輪迴的旅程〉（阿瑪迪歐‧索
爾‧雷瑞斯Amadeo Sole-Leris翻譯）。

〈從殺人犯到聖者之路：央掘摩羅〉，向智長老擴增翻譯。
初次發行為佛教出版協會《法輪叢刊》，第312號(1984)。

〈佛陀的第一施主：給孤獨長者〉，在向智長老監督下翻
譯。初次發行名稱為《給孤獨：偉大的布施者》，佛教出版
協會《法輪叢刊》，第334號(1986)。

〈一些弟子的短篇傳記〉，根據慕迪塔‧艾柏特(Mudita
Ebert)之翻譯改寫。初次發行為佛教出版協會《法輪叢刊》，
第115號(1967)。

巴利原典之翻譯除非特別指出，皆各別作者所作。偈頌之翻
譯除非特別指出，皆由菩提比丘完成。

譯註

① 佛教出版協會（Buddhist Publication Society，簡稱BPS）：位於斯里蘭卡康堤市
（Kandy）。《法輪叢刊》（*The Wheel*）由其發行。

國家圖書館出版品預行編目資料

阿那律‧迦旃延‧央掘摩羅‧質多比丘／向智長老（Nyanaponika
Thera），何慕斯‧海克（Hellmuth Hecker）著；菩提比丘（Bhikkhu
Bodhi）編輯；賴隆彥譯. -- 初版. -- 臺北市：橡樹林文化出版：
家庭傳媒城邦分公司發行, 2005[民94]
面；　公分. -- （善知識系列；JB0023）
（巴利佛典佛陀的聖弟子傳；3）
譯自：Great disciples of the Buddha : their lives, their works,
their legacy
ISBN 986-7884-40-X（平裝）

1.佛教 - 傳記

229.2　　　　　　　　　　　　　　　　　　94002896

善知識系列 JB0023

阿那律‧迦旃延‧央掘摩羅‧質多比丘

作者　　　　向智長老（Nyanaponika Thera）、何慕斯‧海克（Hellmuth Hecker）
英文編者　　菩提比丘（Bhikkhu Bodhi）
譯者　　　　賴隆彥
特約編輯　　釋見澈、鐘苑文
封面設計　　A'design
內頁版型　　舞陽美術‧吳家俊

總編輯　　　張嘉芳
編輯　　　　丁品方
業務　　　　顏宏紋
出版　　　　橡樹林文化
　　　　　　城邦文化事業股份有限公司
　　　　　　104台北市民生東路二段141號5樓
　　　　　　電話：(02)2500-7696　傳真：(02)2500-1951
發行　　　　英屬蓋曼群島商家庭傳媒股份有限公司城邦分公司
　　　　　　104台北市中山區民生東路二段141號2樓
　　　　　　客服服務專線：(02)25007718；25001991
　　　　　　24小時傳真專線：(02)25001990；25001991
　　　　　　服務時間：週一至週五上午09:30～12:00；下午13:30～17:00
　　　　　　劃撥帳號：19863813　戶名：書虫股份有限公司
　　　　　　讀者服務信箱：service@readingclub.com.tw
香港發行所　城邦（香港）出版集團有限公司
　　　　　　香港灣仔駱克道193號東超商業中心1樓
　　　　　　電話：(852) 2508-6231　傳真：(852) 2578-9337
　　　　　　Email：hkcite@biznetvigator.com
馬新發行所　城邦（馬新）出版集團【Cité (M) Sdn. Bhd. (458372U)】
　　　　　　41, Jalan Radin Anum, Bandar Baru Sri Petaling,
　　　　　　57000 Kuala Lumpur, Malaysia.
　　　　　　電話：(603) 9057-8822　傳真：(603) 9057-6622
　　　　　　Email：cite@cite.com.my
初版一刷　　2005年3月
初版六刷　　2020年11月

ISBN 986-7884-40-X
定價：200元
版權所有‧翻印必究（Printed in Taiwan）
缺頁或破損請寄回更換。